DUANSHIPIN YINGXIAO
QUAN GONGLUE

短视频营销全攻略

向 上◎著

SPM 南方传媒
广东经济出版社
·广州·

图书在版编目（CIP）数据

短视频营销全攻略 / 向上著. —广州：广东经济出版社，2019. 10（2022. 5重印）
ISBN 978-7-5454-6799-4

Ⅰ. ①短… Ⅱ. ①向… Ⅲ. ①网络营销 Ⅳ. ①F713. 365. 2

中国版本图书馆CIP数据核字（2019）第199934号

出 版 人：李　鹏
责任编辑：蒋先润
责任技编：陆俊帆

短视频营销全攻略
Duanshipin Yingxiao Quan Gonglüe

出　版 发　行	广东经济出版社（广州市环市东路水荫路11号11～12楼）
经　销	全国新华书店
印　刷	佛山市迎高彩印有限公司 （佛山市顺德区陈村镇广隆工业区兴业七路9号）
开　本	710毫米×1000毫米　1/16
印　张	14.25
字　数	207千字
版　次	2019年10月第1版
印　次	2022年5月第4次
书　号	ISBN 978-7-5454-6799-4
定　价	45. 00元

图书营销中心地址：广州市环市东路水荫路11号11楼
电话：（020）87393830　邮政编码：510075
如发现印装质量问题，影响阅读，请与本社联系调换。
广东经济出版社常年法律顾问：胡志海律师

前 言

Preface

从"吸睛"到"吸金"，短视频红利时代来了

如果说2016年是超级现象级网红"papi酱"开启了视频元年的话，那么2017年和2018年则是短视频快速发展和爆发的"黄金年"。仅从用户规模的数字变化上就能明显地看出这一变化趋势——2016年短视频用户数量首次突破1亿，2017年的用户则达到了惊人的2.42亿，至2018年12月，短视频用户规模已达6.48亿。

参与性强、制作门槛低、传播速度快的特点使短视频成为90后、00后的最爱，他们借助短视频表达个性、展现自我，且意愿非常强烈。在他们的推动下，短视频从最初单纯的"看我秀"逐步转变为新型资讯和社交载体。

快手的前身是"GIF快手"，主要用来制作和分享GIF图片；之后，快手从工具应用转型为短视频平台，技术专家出身的宿华（快手创始人）为快手引入了个性化推荐算法。针对单个用户的不同喜好向其推荐相关内容，强调用户社区的运营，并利用"农村包围城市"的打法，悄然向三、四线城镇以及农村下沉，收获了千万草根流量。

快手的成功吸引了大量资本进军短视频领域，催生了更多的短视频平台。

2017年3月13日，相声演员岳云鹏在微博转发了一条其模仿者的短视频。视频下方带有"抖音"的LOGO，这一无心之举，将抖音的百度指数提升至2000多。

抖音的爆红让快手有了强大的竞争对手。在随后的运营中，抖音不断引入KOL资源、明星、网红，不断收割移动互联网流量。同时，通过不断制造话题和向用户提供丰富的素材，抖音成功地为自己贴上了“酷文化阵地”的标签，并依托算法推荐，以强运营带动了更多的用户参与到视频的制作和分享中，凭借“音乐+15秒短视频”的模式，快速占领了一、二线城市用户的心智资源。

缔造了抖音的今日头条，还相继推出了火山小视频、西瓜视频等，希望通过不同调性的产品，最大限度地覆盖所有用户群体。

在市场上，看到短视频机遇的不只有今日头条。全球最早上线的视频网站——土豆，在2017年也全面转型为短视频平台，启用了全新的LOGO，喊出了“只要时刻有趣着”的口号；百度则推出了好看视频；360推出了快视频；2018年8月，腾讯重新上线了微视，再次杀入短视频市场，并推出了30亿元补贴计划。

短视频不仅能够凑热闹，还可以让用户盈利，甚至有可能让人改变命运，实现从草根到明星的蜕变。只要用户能够保持短视频更新频次和质量，吸引到足够多的人气，就可以通过以下途径分一杯羹：

（1）广告变现。只要有了人气和足够的粉丝，就会有广告主联系你，希望在短视频中投放广告。通过这种形式，用户能够快速地实现流量变现。

（2）电商导流。短视频创作者往往能强化粉丝的购买欲望，通过口播或视频连接将流量引导到自有店铺，实现“网红经济+电商+短视频”所见即所得的一站式购买。

（3）平台分成。短视频创作者通过优质内容或提高更新频率吸引流量，平台根据流量等因素对其分红。由于优质短视频内容稀缺，所以各短视频平台为了吸引头部创作者，都推出了相应的补贴措施。例如：今日头条拿出10亿元补贴内容创作者；秒拍和微博则声称未来将投入1亿美元支持短视频创作者；百度宣称将累计拿出100亿元补贴短视频创作者……

（4）内容付费。这是短视频变现的一个重要方向，目前仍处于初始阶段。但文字、语音问答付费已经打造了诸多成功案例，那么，信息承载能力更强的短视频，有望在内容付费领域更有作为。

所以，短视频不仅能让人看热闹、看稀奇、消磨时间，还能够让你淘得人生的第一桶金，甚至完成从草根到明星的华丽蜕变。

目 录

Contents

第 1 章

选平台：找一片适合自己生长的土壤发展

想要做好短视频，首先必须了解短视频平台，要对各平台的特色有清晰的认知。特别是在当今各类短视频平台百花齐放的市场环境下，只有找到最适合自己的平台，才能取得“1+1＞2”的效果。

1.1 抖音：一个迅速崛起的新流量池

如果有人问："当前最受欢迎的手机短视频应用是什么？"可能大多数人的答案是"抖音"。因为抖音现在不仅是中国非常受欢迎的短视频平台之一，而且在全球范围内也非常流行。

抖音是数据挖掘引擎公司"今日头条"推出的一款短视频社交软件。美国调查公司Sensor Tower的数据显示，在2018年第一季度，抖音海外版Tik Tok成为全球下载量最大的iPhone应用，总计4580万次，已超过了Facebook、YouTube、Instagram。

1.1.1 借助网红崛起

当前，抖音在全国乃至全世界范围内拥有大批网红，这些网红是抖音价值内容和人气的主要贡献者。抖音在上线之初，就确定了"将自己的网红作为员工"的发展战略，积极通过各种流量补助方式帮助他们推广，做强、做大。比如，2017年今日头条便为通过抖音成长起来的网红们举办了一场隆重的庆祝大会，并宣布将投入3亿美元，激励他们创作出更优质的短视频内容，帮助他们增粉增收。抖音的目标是在2018年创造超过1000名拥有百万粉丝的网红。

不仅在国内如此，在国外，抖音也将明星、网红视为其吸引粉丝的磁铁。例如，在泰国，知名艺人的入驻便吸引了大批泰国用户下载抖音；在日本，抖音也和诸多艺人、网红达成了合作意向，用明星、网红的入驻吸引大批当地粉丝下载使用抖音。

1.1.2 “你行你秀”的大舞台

虽然抖音的流量会向明星、网红倾斜，但也很重视普通民众。抖音上很多疯狂转发的视频并不是明星、网红制作的，而是来自普通民众，充分展现了普通人的喜怒哀乐和丰富的创造力。

抖音用户“威海高速交警”发布的一条短视频，秀出了一头耕牛的灵性——这头耕牛能够自己套车，认识去田间的路。“威海高速交警”通过这条短视频向大家传递了这样一个理念：“万物有灵，不吃看门的狗，不杀耕地的牛。心存善念！”其传递出的博爱和善良的价值观，引起了大家的共鸣（见图1–1）。

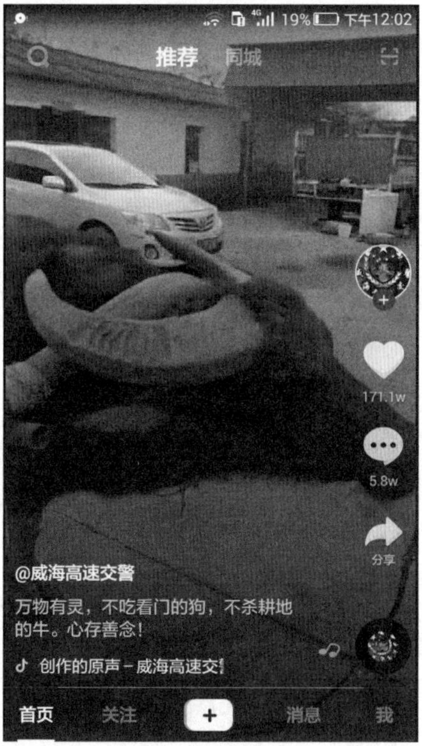

图 1–1　“威海高速交警”发布的短视频截图

这些视频流传开来，会吸引更多的人踊跃录制、发布更多的视频。如此一来，抖音也就变得越来越热闹，发布的短视频也就越来越有品质。

1.1.3 向用户提供内容主题和创作的灵感

为了帮助用户获得创作灵感，抖音会定期推出视频标签，作为趋势潮流或者平台内容主题，引领成千上万的用户参与到同一主题视频的创作中。抖音通过这些视频标签，激发了用户的创作灵感，其创作出来的内容因为更具参与感和娱乐性，被其他用户转发的概率也会大大提升。

比如，抖音发起的“我的美好食刻”系列主题活动，便激发了大家的创作灵感——从美食中汲取元气，感受人生，感悟生活。广大用户踊跃参与这一主题活动，纷纷将自己和美食的故事拍成短视频，在抖音上引领了一波美食风潮（见图1-2）。

除此之外，很多品牌商也经常在抖音上发布主题创意活动，如迈克高仕就在抖音上发布过“主题标签挑战”活动，邀请用户创作最有创意的短视频。通过与抖音上的“头部作者”及网红合作，品牌商能够迅速吸引数以百万计的用户参与到活动中，能够更加轻松地将这些用户转化为他们的潜在客户。

图 1-2　抖音发起的“我的美好食刻”主题活动截图

1.1.4 让视频创作更轻松

让视频创作更轻松，是抖音吸引用户的一个秘籍。抖音为用户提供了一个“工具包”，有了这个工具包，不管你是何种知识层面、哪个年龄段的用户，只要拥有一部智能手机和一个好的想法，就能“制造”出一段精彩的15秒视频，并有可能被其他用户点赞，从而成为平台上的人气王、网红，甚至明星。

抖音提供给用户的这个工具包具体包括一个音乐库、各种美化滤镜，以及易于使用的各种编辑工具。为了帮助用户轻松地拍好视频，抖音还推出了用户在拍摄视频时保持手机稳定的手机附件。

1.1.5 变评论为社交舞台

在抖音平台上，很多用户除了观看各种短视频外，还喜欢查看短视频的评论，同创作者进行互动，和其他评论者进行交流。这样一来，抖音的评论区就转变成了社交舞台，它常常如视频本身一样充满乐趣（见图1-3）。

抖音允许用户在观看视频的同时阅读评论区的内容，给予了用户更加强烈的互动性和参与感，强化了评论区的社交属性。这种设置使抖音对用户更具吸引力，从而让更多人选择抖音，并爱上抖音。

图 1-3　抖音短视频的评论区截图

1.1.6 个性化的推荐让用户越看越美

抖音凭借自身丰富的工程师储备和人工智能实验室支持，基于用户过去的观看行为来为其进行画像，并向用户推荐其可能感兴趣的内容。简言之，用户打开抖音后，呈现在眼前的短视频都是他们可能喜欢的，爱看的。这种个性化推荐是抖音的核心竞争力，也是吸引用户关注抖音的一大法宝。

当然，抖音还是一个能发现新大陆、不断探奇的平台。用户打开抖音时，默认模式是一个“推荐”的内容频道，用户可以看到素未谋面的创作者发布的短视频，了解他们的生活和工作，发现不一样的美丽和情趣。通过这种形式，抖音可以让用户不断找到新的感兴趣的内容，从而将用户更强力地吸附在平台上。

另外，抖音还利用面部识别和身体分割技术来实现关键特征和特效效果，如改变头发的颜色或去除视频背景等，进一步提升了用户创作视频的兴趣和作品质量。

1.2 快手：草根用户的幸运之地

快手是一款由北京快手科技有限公司及其关联公司所有和运营的短视频软件，其前身“GIF快手”创建于2011年3月，是用于制作和分享GIF图片的一款手机应用；2012年11月，从纯粹的工具应用转型为短视频社区，定位为记录和分享大家生活的平台；2014年11月，正式更名为“快手”。

1.2.1 “草根”记录、分享和发现生活的主阵地

快手短视频的定位是“记录和分享大家生活的平台”，希望为广大“草根”群体营造一种轻量级、休闲化的氛围，因此，快手上聚集了庞大的“草根”用户群，他们发布的短视频都具有“原生态”的特点，成为用户记录、分享和发现生活的主阵地。

（1）快手短视频主要面向三、四线城市以及广大农村群体。快手为这些“草根”群体提供了一个直接展示自我的舞台。因此，与其他短视频和直播平台不同，在快手上占据主导地位的并不是明星和KOL（关键意见领袖，Key Opinion Leader的简称），抑或影响力巨大的网红，而是普通得不能再普通的“草根”。

（2）快手短视频以“原生态”为主。所谓“原生态”，就是原汁原味地记录、分享和发现生活，不添加任何特效，不夸大，不做噱头。因此，快手上的短视频内容几乎没有任何修饰，这就为普通大众表达自我、分享生活提供了可靠的平台。

快手在发展过程中，没有采用以明星为中心的战略，没有将资源向粉丝较多的用户倾斜，没有设计级别图标以及进行用户分类，也没有对用户进行排名，更没有签约平台上热门的直播者。这些战略都指向了一个方向，即打

图 1-4 “哈尼然啊四（原生态）”展示妻子做的菜截图

造平台轻量级、休闲化的氛围，让平台上的所有人都敢于表达自我，乐于分享生活中的所见、所感。

“哈尼然啊四（原生态）”是云南山村的农民，白天他和妻子忙于农活，午饭时常在田间地头解决。有时候，他们会直接从田地里摘些新鲜的蔬菜，在山坡下点燃篝火，做一顿美味佳肴。太阳落山后，妻子忙着做晚饭，并录制短视频，向快手用户展示她做的菜（见图 1-4）。

他们的短视频向大家展示了中国农民的日常生活，这种看似无趣的农村生活短视频却吸引了45万粉丝，其发布的视频点击量从数万到数十万不等。很多用户对他们的生活很感兴趣，并和他们成了好朋友。在短视频评论区，“哈尼然啊四（原生态）”会像同老朋友聊天一样，回答大家提出的各种问题，没有任何作秀表演痕迹。比如，一位用户评论：你们5月还要穿羽绒服，那边是不是很冷？“哈尼然啊四（原生态）”回答：是的，山区里面有点冷，尤其是夜里。

对这对夫妻而言，在快手上发布短视频并不是为了博眼球出名、挣大钱，而仅仅是为了展示自己的日常生活，正如他们的账号简介中所写的那样：“喜欢平平淡淡的生活，与世无争。不接受任何广告，感谢快手官方。”

1.2.2 算法决定哪些是优质内容

为确保每一位用户都能获得平等发布的机会，快手平台没有任何人工团队去影响内容推荐系统，完全依靠算法向观众提供个性化推荐。

（1）快手专注于对智能匹配的优化。快手的算法能够理解所发布短视频的内容以及用户的特征和行为，包括内容浏览和互动历史。在对这些信息进行分析和理解的基础上，模型就可以将内容和对其感兴趣的用户匹配在一起。用户积累得越多，数据就越多，推荐就越精确。

（2）所有用户和视频都有机会在“发现”页得到展示。通过不断优化智能匹配，在算法推荐机制下，在快手发布短视频的所有用户和视频都有在“发现”页面得到展示的机会，哪怕你只有1个粉丝。用户发布的短视频获得的点赞越多，被机器选中的概率就越大。通过分析用户以往的点击、观看和点赞历史，快手的算法推荐机制会先根据用户之前表现出来的喜好向其提供“发现”页面中的内容。

1.2.3 保持简单和专注

为了服务好“草根”用户群体，方便他们发布更多原生态内容，快手的应用设计以简单清爽为主，让大家更专注于内容。

（1）快手主页上只有3个频道，分别为“关注”“发现”和“同城”。最上方的两侧则为导航菜单按钮和小的摄像机图标，方便用户简单高效地上传视频。假如用户没有在快手上注册，则看不到摄像机图标。在快手不断发展的过程中，这3个频道虽然每次更新都会进行细节上的调整，不断地进行优化，但是在频道设置上却始终没有改变。这种简洁的设计，让很多不擅长使用智能手机的用户也能够在快手上“冲浪”，可以随时随地地发布生活见闻，展示自己的个性。

（2）做减法。删除或削弱了某些被主流社交应用看作不可或缺的功能。比如，为了鼓励用户专注于创作原创内容，而不是花太多时间在平台上聊天，快手隐藏了私信功能。

（3）没有提供单独直播页面。快手认为直播仅是一种对用户互动的补充，并不是一种记录和分享生活的最佳方式。因此，快手仅允许大约10%的用户进行直播，将直播弱化成其附属功能。

1.3 微视：背靠大树的搅局者让人红得更快

微视是腾讯于2013年开发的一款8秒短视频社交应用，用户可以通过微信、QQ和QQ邮箱账号登录，同时用户可以将自己发布在微视上的短视频分享给微信好友，分享到微信朋友圈以及腾讯微博。遗憾的是，因为当时短视频市场还不成熟，容量有限，微信于2017年4月关闭了此应用。然而后来，短视频市场开始爆发式井喷，各种短视频占领了用户的碎片化时间，所以微视在关闭十个月之后宣布重新上线。

1.3.1 背靠大树，拥有庞大的流量包支撑

微视由腾讯公司创立，用户在微视上发布的短视频可以不受限制地转发到腾讯旗下的微信朋友圈、QQ和腾讯微博上。背靠"微信+QQ"合计用户量超过十亿的腾讯，微视"复活"后便自带超级流量包。

（1）素材流量包。短视频拍摄时可能会涉及音乐、动漫、影视艺人等版权的IP，如给短视频配音，所使用的音乐必须要经过版权人的同意，并购买版权。而微视背靠腾讯这棵大树，借助腾讯的音乐版权，直接打通了QQ音乐千万首音乐的版权。另外，腾讯还拿出游戏和动漫IP做AR贴纸或者背景，从而使得微视拥有了巨大的素材流量包，让用户在生产短视频时更加轻松高效，创作的自由度更高。

（2）补贴力度空前强大。作为短视频应用平台，最重要的还是内容。为了鼓励用户生产优质内容，微视计划拿出30亿元吸引优质内容制作者，鼓励他们去创作高质量的短视频。

（3）巨大的用户基础。微视的主要用户为90后、00后的年青一代，通过这些年轻人聚集的QQ空间为其引流。调查显示，QQ空间超过一半的用户

为90后，这和短视频的用户画像相符，随着90后、00后的崛起，微视的用户基础将会越来越大。

1.3.2 原创元素丰富，社交性更强

可口可乐全球CMO在哈佛商业评论中指出："网络同质化的核心问题就是能否创造出让消费者主动讨论和传播的东西。从内容来源上看，微视频节目的原创性元素更丰富，不管是个人制作上传，还是视频网站聘请专业团队来操作，追求的无非是原创性。"由此可见，短视频的存在意义并非制作的精细，也非创作手段的先进，而在于其所能表现出来的构思和创意。这些构思和创意往往体现了创作主体对世界、人生以及生活的一种独特理念，抑或深刻的认知和独到的见解。

（1）内容更有深度。与其他相比，微视原创内容兴趣性更强，并兼顾内容深度，因此质量相对较高，具有明显的差异性。

"温州交警"在微视上发布的短视频就很有深度，如其发布的一条《交警接力送小孩过马路，好暖心的人民警察！》的短视频，就很好地体现了交警全心全意为人民服务的精神，引人深思，令人敬佩，因此吸引了33.1万人点赞（见图1–5）。

图 1–5 "温州交警"发布的深度短视频截图

（2）社交性更强。用户不仅有看视频的需求，也有与粉丝交流的需求，假如因缺少社交链刺激，而导致普通用户生产内容积极性衰退，平台的成长空间必然会受到影响。而社交是腾讯的强项，所以微视短视频社交性较强，在邀请大量MCN优质内容创作平台的同时，

微视还通过自制综艺等方式增加互动性，再结合PGC内容来激发普通用户就感兴趣的内容进行创作、互动的积极性。普通用户的短视频虽然看起来不够精致，但是通过社交互动产生的价值却高于单一的单向创作。

（3）微视背后产业链更完整。微视短视频可以和腾讯游戏、综艺等文娱产业联动，为用户提供更加多元化的变现方式。

1.3.3 红人计划，让你更快火起来

随着短视频的持续火热，各个短视频平台孵化了一批又一批影响力堪比明星的网络红人。这让众多用户参与短视频创作的信心大增，梦想着有朝一日也能出人头地，名扬天下。针对用户此种心理，微视推出了“红人计划”，帮助更多的普通用户实现“红人梦想”，完成其由“草根”到网红甚至明星的华丽蜕变。

2018年6月，微视发布了“网络红人计划”，点赞数在前100名的视频主将有机会直接进驻微视成为红人，前10名视频主有机会签约“偶像计划”。只要你的短视频做出了品质，拍出了创意，展示出了趣味性，你就可能在竞争中脱颖而出，从一个普通人蜕变成网络红人。

除了不断推出各种“红人计划”外，微视还在北京、上海、广州等城市举办了线下沙龙活动，吸引平台红人参加，提升红人的影响力和创作激情。

1.4 秒拍：微博有多少流量，它就能给你多少流量

秒拍是由炫一下科技有限公司（以下简称“一下科技”）推出的一款集观看、拍摄、剪辑、分享于一体的超强短视频工具，更是一个超级好玩的短视频社区。2014年，秒拍4.0全新上线，它可以让用户一秒变身文艺摄像师，在10秒内拍出有质感的大片。

1.4.1 背靠微博巨大流量池

一下科技获得新浪微博等机构融资后，秒拍也被内置到了新浪微博手机客户端。这样一来，秒拍就和拥有庞大用户基础的新浪微博捆绑在了一起，能够更加轻松、高效地将微博流量引到自身平台。

（1）入口导流。秒拍的最初设想是鼓励用户拍摄、上传并分享短视频，这些短视频能够被别人看到并且传播出去是用户最大的生产动力，秒拍依托新浪微博这一社交流量高地，依托分享功能，满足了用户广泛传播的期望。

（2）打通新浪微博账号。秒拍和新浪微博的账号相互打通，用户在秒拍上拍摄的短视频能够同步上传到新浪微博进行二次传播。这样，秒拍用户的短视频传播范围就变得更加广泛。当遇到热点事件时，新浪微博还会和秒拍共同策划相应话题，如当年火爆的“冰桶挑战”，72小时内有122位明星使用秒拍发布冰桶浇身的视频，总点击量高达上亿次。

由此可见，背靠新浪微博这一流量高地，秒拍强大的分发功能和传播效果，能够让用户更为简单、高效地传播自身观点和品牌信息。

“央视新闻”于2018年国庆期间发布的名为《泪目，在没有界碑的祖国边防线上，他们就是祖国的界碑！》的秒拍短视频，聚焦在喀喇昆仑山深处海拔5390米的天文点驻守59年的新疆军区某边防连队，其所在哨所是全军海拔最高的哨所，高寒缺氧、气候干燥，很多战士高原反应严重，但他们没有退缩，因为国旗升起的地方是祖国！他们承诺：这里有我，请祖国放心。这条充满正能量的秒拍短视频获得420万次的播放量，被分享2883次（见图1-6）。

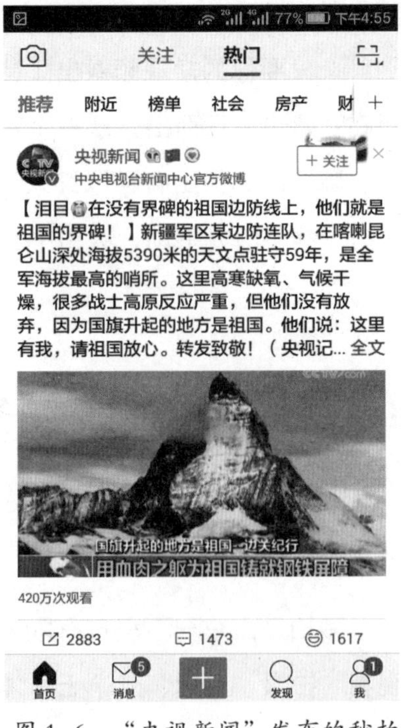

图1-6 “央视新闻”发布的秒拍短视频截图

1.4.2 观看和分发：传播平台的“媒体+社交”价值

除了背靠微博这棵大树获得巨大流量资源外，秒拍另一个独特之处是集观看、创作、分发于一身，形成了短视频发展的闭环，为用户带来了更大的商业价值。

从观看和分发来看，依靠微博的“社交+媒体”属性，秒拍为用户带来了观看和分发层面上的独特能量。短视频的第一目的就是传播，和微博这一“社交+媒体”平台的深度合作，使得秒拍上的短视频能够更快速、更广泛地分发出去。

（1）通过微博提升曝光率，覆盖更多潜在用户。

（2）通过微博社交圈子，将短视频分发到社会各个角落。

1.4.3 内容深耕，设立行业新标准

秒拍在内容上能够不断地与时俱进、扩展更新，从而对目标人群始终保持着强烈的吸引力。在短视频发展初期，娱乐内容是吸引用户的首要元素，但是经过几年的发展后，随着短视频用户和内容创作的激增，娱乐化内容已不再是吸引用户的撒手锏，专注于美食、美妆、生活方式等垂直内容的创作更能吸引用户的关注。

从娱乐化走向垂直深耕，秒拍不断拓展短视频内容的深度和广度。目前，秒拍已经拥有数十个垂直领域内容板块，是短视频领域内容覆盖最广的平台。

（1）持续开拓头部资源。头部创作者是优质短视频内容生产的中流砥柱，秒拍不但和众多MCN公司、视频创业团队以及网红经纪公司建立了深度合作关系，而且还整体覆盖了众多专业内容创造个体，从而大大提升了平台内容的品质。

（2）投入巨额资金支持短视频发展。2015年底，一下科技联手新浪微博投入了1亿美元扶持平台上的内容创业者；2016年，在一下科技E轮融资发布会上，秒拍更是宣布拿出10亿元人民币打造短视频的上下游产业链，打造短视频生态……巨额资金的支持更激发了秒拍用户的创作欲望。

1.5 西瓜：影视粉、综艺粉的福音

西瓜视频是字节跳动旗下的个性化视频推荐平台，通过人工智能帮助每个人发现自己喜欢的视频，并帮助视频创作者轻松地向全世界展示自己的作品，展现自己的生活和个性。截至2018年2月，西瓜视频累计用户人数已经超过3亿，日均使用时长超过70分钟，日均播放量超过40亿次。

1.5.1 影视和综艺视频的“聚宝盆”

西瓜视频最大的特色是就是拥有巨大的影视和综艺短视频资源，是广大影视粉和综艺粉的探宝池（见图1–7）。

图 1–7　西瓜视频上的影视视频截图

西瓜视频上的影视和综艺资源可分为三类：

（1）用户发布的剪辑视频。这类影视和综艺资源，是由喜爱电影和综艺的用户剪辑加工而成，汇聚了电影和综艺的高潮部分，各个类型都有，资源异常丰富。

（2）西瓜视频自制的影视和综艺节目。西瓜视频拥有版权的影视作品和自制综艺节目很多，能够更好地满足用户对影视和综艺节目的需求。

（3）第三方影视和综艺作品宣发。很多影视和综艺节目制作方会选择西瓜视频作为宣发推广平台，和西瓜视频联手推出一系列宣发活动，在西瓜视频平台上提前“泄露”影视和综艺片段。

总之，在西瓜视频平台上，用户总能找到自己喜欢的影视或综艺资源，和志同道合的人分享喜爱的明星的资讯，探讨感兴趣的事物。

1.5.2 算法分发和关系分发并重

西瓜视频平台的算法分发和关系分发并重，二者共存统一。算法分发决定用户在平台上能够看到什么内容的短视频，而关系分发是用户关注的人决定其能够看到什么内容的短视频。

依托今日头条强大的算法分发能力，西瓜视频首页完全是由算法驱动的分发体系，其为用户推荐的内容是根据用户的一系列行为、基于机器学习呈现的，用户的每一次点击、观看时长、进度条拖动、上滑和下滑等都会成为西瓜视频算法模型的输入变量，于是用户在西瓜平台上就有了这样的观看体验：上次看了岳云鹏的相关视频，下次再打开，看到的就是郭德纲的相关短视频。这样一来，西瓜短视频就能将最符合用户口味的短视频推荐给用户。

更重要的是，西瓜视频和今日头条之间是深度打通的，如此，西瓜视频便能够有效地利用今日头条积累下来的算法模型和数据，使用户画像更加精准，分发模式更加完善，从而给予用户更加舒适的观看体验。

算法分发能为用户呈现其最感兴趣的短视频，而关系分发则能够带给用户丰富的社交资源。西瓜视频的关系分发注重账号体系，即让更多人在登录状态下进行观看；同时，西瓜视频将关注流放到了一级菜单中，让粉丝能够在第一时间找到自己关注的用户。

1.5.3 横版短视频和竖版小视频共存

从内容形态上看，短视频有着很明显的区分度，最为显著的就是根据横竖屏比例、时间长短、PUGC划分为横版短视频和竖版小视频：横版短视频时长多为10~60秒，横版，PGC制作；而竖版小视频时长则多为15~55秒，竖版，UGC制作。和其他专门区分横版短视频和竖版小视频的平台不同，在西瓜视频平台上二者是并存的。

假如用户既想看短小精练的小视频，又想看MCN机构生产的精美短视频，那么西瓜视频是其唯一的选择，因为其他短视频平台都不能同时满足用户这一需求。西瓜视频的这种设置，极大地满足了用户多样性的需求，很好地权衡了存量和增量之间的关系。

（1）横版短视频从拍摄团队到镜头语言，都有极为严格的制作流程，在题材范围、表现方式、叙事能力等方面都非常精细。正因为这类短视频的存在，西瓜视频才能保证粉丝存量。

（2）竖版小视频短小精练，特别是随着智能手机成为当下最流行的拍摄工具，小视频也就成了一条“鲶鱼”，为原本横版短视频市场的竞争引入了新的风向标。西瓜视频上的竖版小视频，能够最大限度地激发用户展示自我的欲望。

1.6 火山：一款发视频就可以赚钱的软件

火山小视频是今日头条旗下的一款视频社交软件，主打15秒短视频和娱乐生活直播。火山小视频的定位是打造全国最大的短视频社交平台，通过短视频帮助用户快速获取内容，展示生活，展现自我，获得粉丝，发现同好。

1.6.1 只要发布短视频就可以赚钱

作为推出火山小视频的“东家”，今日头条一直有补贴的传统，不管是图文用户还是短视频用户，都能够得到补贴。2017年5月，今日头条宣布将在未来一年里拿出10亿元补贴小视频内容，特别是火山小视频的用户，只要发布短视频，就能获得相应的收入。

图 1-8　“十渡蹦极乐弟弟”的火力值截图

火山小视频用户上传的小视频，只要符合优质、原创的标准，都可以获得现金补贴。简而言之，就是只要你拍摄的短视频足够好，就能有钱赚。

“火力”是火山小视频平台的评价系统，该系统的算法是通过小视频的观看行为和互动数据进行计算，继而综合得出用户的火力值。10个火力值等值于1元钱，如火山小视频用户“十渡蹦极乐弟弟”，拥有火力值5.2万，就可以提现5200元（见图1-8）。

（1）没有“试用期”。注册账号后，你可以立即上传视频，通过审核后便可以开始赚取火力。而其他平台往往会有一个“试用期”，在“试用期”内是没有任何收益的。

（2）没有账期。火山小视频支持微信和支付宝提现，其中微信超过1元、支付宝超过50元即可提现，且提现秒到账。

1.6.2 特定养成计划帮你赚更多钱

对于特别优秀的发布短视频的达人，火山小视频会为其提供长期流量扶持。也就是说，你的视频拍摄得越用心、越优质，发布的频率越高，粉丝越多，影响力越大，你从火山小视频获得的流量就越多，赚取的火力值就越高。

那么，如何才能创作出优质内容并进入火山小视频的特定养成计划呢?

（1）短视频拍摄领域要专注。火山是由今日头条孵化的，今日头条的推荐机制倾向于原创、垂直，短视频拍摄专注在一个领域，有助于机器推荐分发。

（2）发短视频不是发朋友圈，避免过多地晒生活晒无聊，否则很难上热门，自然也难以获得关注。

（3）时间上充分利用完15秒，并且在观众看完15秒后与其有互动才有可能获得火力值。你可以选择慢拍镜头或者快拍镜头，拍摄后会跳入另外一个页面，系统自带了很多背景音乐供用户选择，还有美化、修剪等特效功能，最后还可以选择一个有特色的封面。

（4）保持一定的更新频率，最好每天都有更新。

（5）视频的标题一定要写，最好是有吸引力的，能有效增加点击率。

1.7 美拍：深耕女性内容，占领“她经济”高地

一提起女性短视频社区，人们首先想到的就是“美拍”。如果说抖音记录了潮流少男少女们娱乐的每一天、快手还原了小城镇青年的真实生活的话，那么美拍则为年轻女性提供了一个更好地展现自我、表达自我的平台。

1.7.1 借势“她经济”，美拍赢在起跑线上

卡思数据公布的《2017年短视频行业年度白皮书》显示，短视频内容消费者中近六成为女性。无独有偶，第一财经商业数据中心发布的《2017年短视频行业大数据洞察报告》的统计结果也表明，短视频用户中的男性占比还不到39%。由此可见，女性其实是短视频行业中最广泛的用户群体。

因此，短视频只有俘获了女性用户的芳心，才会有人气，才可能会财源滚滚来。脱胎于美图公司的美拍，拥有美图的女性用户基础，在借势“她经济”方面，美拍也就很自然地赢在了起跑线上。

（1）充分尊重女性的使用偏好，在软件设计上杜绝烦琐和复杂，力求简单高效。女性天生喜欢简单，喜欢“一蹴而就”，因此美拍的设计都遵循

简单高效的原则，力求最大限度地符合女性的使用偏好。

（2）服务女性用户，聚焦高质量的“她们”。美拍上线时间比较早，因对MV特效、美颜、滤镜、唯美画面等产品细节上的精细化设置，再加上融入了微博等社交元素，所以美拍一上线便戳中了大批女性爱美、爱分享的痛点，迅速成为备受女性追捧的短视频应用。大量爱美的女性汇聚在美拍平台上，展示自我，绽放个性。

1.7.2 为“她”服务，助力女性更好地变现

帮助女性更好地变现，一直是美拍深耕女性内容的一个努力方向，因为只有让女性用户更好更快地变现，她们才会更认同美拍的价值，创作积极性才会更高。为此，美拍提出了两项措施：

（1）仿效YouTube，提出了国内首家短视频领域营销服务平台——美拍M计划。这一平台可以帮助女性达人更好地和品牌商进行合作，让她们能更轻松地获利。美拍会根据品牌方的需求，为其推荐达人资源，当达人有变现意愿和需求时，平台会为其推荐优质广告主。美拍M计划已经和奔驰、哈啤、奥利奥、拉芳等知名品牌建立了合作关系。

（2）试水电商。为帮助女性用户更好地变现获利，美拍推出了“边看边买”。用户在观看平台视频时，对应商品的链接就会显示在短视频下方，粉丝可以点击链接购买商品，而且不用中断视频播放。目前，美拍“边看边买”接入的是淘宝、天猫等各个外部电商平台，未来还会接入微店及美图的“美铺”等平台。

1.7.3 泛知识短视频社区给予女性更大的成长空间

2018年9月15日，美拍CEO吴欣鸿在美拍上线四周年生日会上宣布：美拍将打造泛知识短视频社区。所谓泛知识短视频，就是通过亲身示范、讲解、探索、分享、创作等方式，尝试给粉丝更多的价值和能力。

（1）授予知识。授予粉丝更多的生活常识、人文奇趣、科技知识等方

面的内容，丰富粉丝的知识库存，让粉丝在生活、工作中更加游刃有余。

（2）传递信息。向用户传递最新的前沿信息，播报最新动态，提供建议，等等。

（3）赋予能力。培训用户，传递技巧，让用户具备某种新能力，如舞蹈、唱歌、美食、美妆、穿搭、护肤等。

（4）分享提升。什么歌最好听，什么地方最值得去，什么东西最值得买，分享心得，提升生活情趣和品质。

（5）解决问题。分手后应该怎么办？职场新人如何处理职场关系？遇到尴尬如何快速化解？对于工作、生活中一些常见问题的应对方法提出建议，给予科学引导或解决方法。

美拍的泛知识短视频社区打造，实际上是为了应对短视频行业娱乐性质过于强烈、内容趋于同化和内容不当的现状，其定位于“在美拍，每天都有新收获”，旨在为用户提供全新的、更具使用和欣赏价值的内容的同时，继续在垂直领域强化差异性优势。

图 1-9　张艺兴教用户制作饮品短视频截图

正如美拍CEO吴欣鸿所说：“短视频行业的竞争越趋于白热化，内容价值就越发凸显。”美拍泛知识短视频社区的打造确实具有一定的创新成效，既在一定程度上降低了用户上传不适宜内容的可能性，引导用户健康的流量消费，又强调了用户的价值感和收获感，用泛知识驱逐“娱乐至死”，还进一步提升了美拍对女性的吸引力。

为了最大限度地做好泛知识短视频社区，吸引女性用户参与，美拍邀请张艺兴、华晨宇入驻社区，以偶像技能和音乐技巧为主线，分别开设明星音乐小课堂——“兴技能新收获”和“音乐私教课”，以明星偶像为导师，培养女性更多的技能，放大她们的成长空间（见图1-9）。

1.8 最右：用户熬夜也要玩的搞笑软件

最右是一款汇集了各种幽默搞笑话题的社交类APP，以发现兴趣、传递快乐为己任。在最右，你可以看到热门、新鲜的评论，参与有趣的话题，也可以发现会心一笑的内容，找到合拍的小伙伴。简而言之，幽默搞笑是最右的最大特色，它以视频、段子、图片的形式将脑洞大开的内容呈现给用户。

1.8.1 专治不开心的最右

信息大爆炸时代，想要找到有趣的内容，找到合拍的小伙伴，越来越不容易。最右正是看到了人们的这一痛点，搜罗散落于网络的有趣内容，提供一站到达式服务，为用户的生活增添无穷乐趣。简而言之，最右短视频专注赶走不开心，是让用户熬夜也要玩的存在（见图1-10）。

地铁公交涨价了，这种事儿没地方吐槽？去最右。

有钱任性，找不到显摆的地方？去最右。

尴尬了，找不到人诉说？去最右。

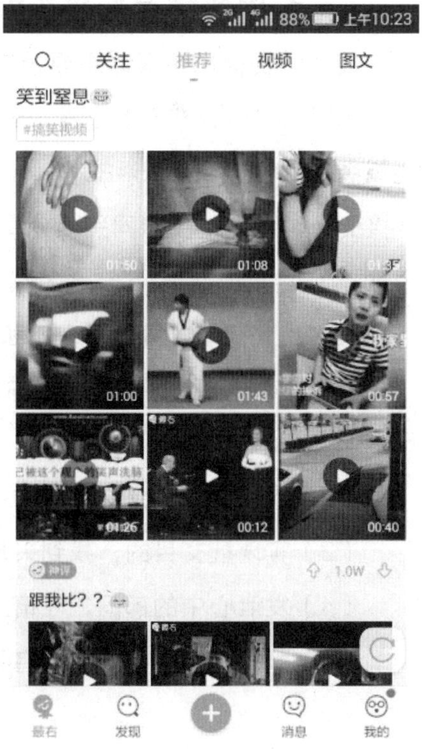

图 1-10 最右上各种搞笑短视频截图

无聊了，找不到排解的方法？去最右。

生气了，找不到发泄情绪的途径？去最右。

……

在最右，每一条短视频、每一个话题，都能让你会心一笑、留下神评，找到合拍的小伙伴。

（1）最右汇聚当前最热点、最犀利、最具内涵的话题神评，会让你笑个不停。

（2）热门，新鲜，话题有料，内容应有尽有，能够让用户找到最适合自己的笑点。

（3）别人的话题不够爽？那就自己拍一个最爽的视频，建一个幽默话题，去结识更多的伙伴。

1.8.2 深耕青年和学生群体

最右的目标用户群体主要锁定为青年和学生群体，男女比例接近1:1。从目标用户群体分布地域上看，最右的用户主要分布在沿海省份，年龄段主要集中在24岁以下和25~30岁，他们对移动互联网使用场景更加熟悉，更愿意接受新鲜事物，更想同别人分享自己的所见所闻，更乐于展示自己、绽放个性。

具体而言，最右满足了青年和学生群体以下一些需求：

（1）刺激荷尔蒙。满足用户的猎奇、幽默等心理，带给他们更多的满足感。

（2）展现自我，分享自己的生活和兴趣。

（3）实现社交目的，找到兴趣相投的朋友。

（4）发泄心中的郁闷，吐槽生活中的各种不公平现象。

（5）获取优质内容，提升自我价值。

1.9 小咖秀：大咖热推下的模仿达人圣地

小咖秀是一款以模仿明星、名人火起来的社交短视频应用，正如其所标榜的“人生如戏，全靠演技”，只要你模仿能力强、拥有演艺细胞、多才多艺，你就能在小咖秀上脱颖而出。

1.9.1 小咖背后的大咖

虽然小咖秀名为“小咖”，但是其传播却非常善于借助大咖的力量，以大咖带动普通用户的模仿热情，激励用户生产更多的优质短视频产品。

如在某一期《金星秀》中，金星用橙汁完胜空姐的一段演绎被网友大量转发，还一度登上了热搜。之后，不少明星大咖争相模仿这一片段。王珞丹就在微博上发布了自己模仿的小咖秀视频，还问金星：“金星姐姐会爱上我吗？”金星看到后立即转发了这条微博，并且大赞“完美”！这条微博登上了热门话题榜，让小咖秀的模仿秀进入了更多人的视野。

（1）吸引大咖参与。不管是无意为之，还是有意借势，小咖秀总会吸引明星大咖的参与，成为流行娱乐文化的一部分。

（2）大咖带动起小咖的模仿热潮。有了大咖们的参与和引领，普通用户便纷纷参与到模仿浪潮中，以自己的演技向偶像和经典致敬（见图1-11）。

图 1-11　小咖秀用户发布的模仿短视频截图

1.9.2 切中流行的“搞笑文化”

小咖秀是一款简单的应用，用户在应用上可以选择喜欢的音频片段对口型表演，生成一段有趣的视频进行分享。小咖秀之所以能够在短时间内就火起来，成功俘获用户的芳心，一个很重要的原因就是它抓住了90后、00后喜欢表现自我的特性，契合了当下流行的搞笑文化。

所谓搞笑文化，就是通过模仿、卖萌、搞怪等，展现自己的个性，表达自己对生活、社会的某种态度。年轻人崇尚搞笑文化，他们渴望将自己可爱、犯傻，甚至有些“二”的性格展示出来。搞笑文化的精髓在于自黑，年轻人希望能够通过夸张的表演来取悦别人。小咖秀正是抓住了年轻人的这种心理，量身定制了模仿、搞笑的表演功能，让年轻人可以用各种夸张表情来自拍，使得每个人都能淋漓尽致地展示自己的个性和搞笑的一面。

（1）通过模仿别人展示自己，愉悦别人。模仿别人本身就有很强的搞笑效果，用户通过细致观察某个人，形神兼备地再现其经典动作和言语，从而最大限度地彰显自己的个性，愉悦大众。

小咖秀平台上存在一批模仿达人，他们因为能够惟妙惟肖地再现明星、名人的言行举止，深受广大用户的喜爱，如“视频段子狗”便将张嘉译的社会步模仿得惟妙惟肖，凭此迅速成为平台上的模仿达人（见图1-12）。

图 1-12 “视频段子狗”模仿张嘉译的社会步短视频截图

（2）以自黑的方式践行搞笑文化。自黑是一种有内涵而又颇具爆发性的搞笑方式，年轻人通过自黑的方式拍摄出来的短视频更能彰显他们对生活的某种态度。

（3）通过再现某些热点、影视剧情节进行搞笑。

1.9.3 简单易用，使用门槛低

小咖秀吸引用户的另一个原因是简单易用。小咖秀几乎只有一个功能——对口型表演，而且还向用户提供字幕，这样一来，小咖秀就将用户生产短视频的门槛降到了最低。用户登录小咖秀后，只需对着摄像头照着字幕表演就行了。

简约是一种美，不管是苹果公司的手机，还是优衣库、无印良品的服装和生活家居用品，都因为简约的设计风格而深受用户欢迎。特别是在当前这个快节奏和信息泛滥的时代，人们变得越来越懒散。在这种背景下，功能复杂的短视频平台，只会让人们敬而远之。相反，功能越简单，则越能吸引用户，越能激发人们的创作热情。

小咖秀正是以这样一种简单的功能吸引用户，为更多想要展示自我的用户提供了舞台。

第 2 章

造内容：用高质输出吸引用户关注

短视频好不好，内容是关键。因为不管在哪个平台上，吸引用户的首先就是内容，想要将用户长期绑定在平台上，将粉丝打造成铁杆，也离不开优质的内容。因此，要想做好短视频，就必须学会打造高品质的内容。

2.1 看看成为爆款的都是哪些类型的内容

爆款短视频能够一鸣惊人，在极短的时间内火起来，在其内容选择上必然有其过人之处。那么，这些爆款都是哪些类型的内容呢?

2.1.1 职场类

想要在这个社会生活得更好、更有价值，每个人都需要拥有一份工作。工作是否舒心顺心、能否做出成绩，关系着每个人的生活质量和人生价值。基于此，人们自然就很关注职场类的内容，希望能够通过短视频学习到更多的职场技巧、技能，以更快、更好地适应职场，做出成绩，实现人生价值。

图 2-1 “职场箴言”的短视频截图

抖音用户“职场箴言”所发布的内容都和职场有关，或和用户分享如何搞好职场人际关系，或关注专业领域内的技能技巧。比如，其发布的一条《为什么很多公司留不住90后》的短视频，便通过聚焦职场上的90后，吸引了25.3万名用户点赞，获得了2.5万次转发（见图2–1）。

这条短视频之所以能够火起来，和其内容上具备的以下三个亮点有很大关系：

第一，选题为职场类焦点。当前，90后已经成为社会、职场的主力，与

80后、70后生长环境完全不同的90后，一直深受大众关注。因此，这个选题角度本身较广。

第二，内容比较反鸡汤。很多人认为90后员工频繁跳槽是因为制度不行、同事不行、文化不行，其实都不是，90后员工大多非常理性，讲情怀、讲梦想没用，钱给够了就行。这种直戳事情本质、揭开虚伪一面的内容更符合偏年轻化的抖音用户的口味。

第三，配乐。这条视频的配乐是一首英文歌，节奏与翻页速度一致，让人听起来比较舒服。

2.1.2 励志类

人们因为梦想在各自的领域内奋斗，尝遍酸甜苦辣，迫切希望获得一种让自身更坚定前行的力量。这种力量可以是一句话、一个人或一件事，它能够成为人们精神上的能量池，让其获得更加澎湃的精神动力。

（1）励志类内容能够为人们提供源源不绝的精神能量。

（2）励志类内容可以为人们指明前进的方向。

（3）励志类内容可以抚平人们内心的波澜和创伤。

抖音用户“励志语录”发布的短视频都有励志因子，堪称洗涤用户灵魂的“神水”，深受大众喜欢。比如，其发布的一条《光头强说的几句话太精辟了！》的短视频，收获了154.5万个赞，吸引了4.8万人转发（见图2-2）。

图 2-2 “励志语录”的短视频截图

这条短视频之所以能够火起来，是因为其内容有以下特点：

（1）聚焦励志热点内容。这条短视频所关注的是如何才能“面朝大海，春暖花开”，其内容励志、振奋人心，能够让用户从中汲取到源源不竭的正能量。

（2）叙述方式新颖。以动画片中经典失败者“光头强”的视角挖掘社会生活中的正能量，更彰显了生活的美好，更能激励人心。

（3）音乐节奏舒缓。舒缓的音乐能够快速地抚平用户情绪上的起伏，让用户心境平和下来。

2.1.3 蹭热点类

在成为爆款的短视频中，很大一部分都善于蹭热点。热点事件之所以能够成为热点，是因为它们能够触动大众的心灵。因此，在短视频中加入热点、热词、热搜的内容，同样会提升短视频的点击率，吸引更多用户关注、转发并推荐。需要注意的是，蹭热点固然好，但短视频作者仍然要遵循标签规范，不能毫无底线地蹭。

（1）时事热点。你可以根据当前政治、经济生活中的热点事件，发布相关短视频，和大家一起探讨这些热点对社会生活造成的影响。

（2）生活热点。生活中的热点事件往往更能引发用户关注，因为这类热点事件和人们的生活联系更加紧密，给人们造成的冲击更大。比如，“高铁霸座”事件，便在社会上掀起了一场巨大的波澜，发布相关内容的短视频，受关注的概率必然会很高。

超强台风“山竹”的形成备受瞩目，无数双眼睛都关注着其行踪。抖音用户“时间眼”在“山竹”登陆后发布了一条《仔细看，整栋楼都在晃》的短视频，让广大用户对“山竹”的威力和危害有了一个更加清晰的认知。因为紧跟热点，所以这条短视频吸引了4.8万人评论留言，被转发11万次（见图2–3）。

2.1.4 美食类

中国人自古以来就对“吃”情有独钟，几千年的饮食文化注定了美食类内容的短视频可以出彩的数不胜数，可以持续地产出优质内容，因此，美食类内容的短视频一定大有可为，并且能够在很长一段时间内保持对粉丝的吸引力。

“食物点滴”的大多数短视频聚焦于美食烹饪制作，致力于向广大粉丝普及提升饮食水平质量、解决烹饪问题的各种小方法、小技巧。比如，其发布的腌制咸鸭蛋的短视频《腌咸蛋的最好方法，保证个个冒油，超级好吃》，便吸引了大批粉丝点击观看，粉丝还通过评论与作者互动，探讨腌制咸鸭蛋的技巧（见图2-4）。

图 2-3 “时间眼”发布的短视频截图

图 2-4 “食物点滴”在短视频中介绍如何腌制咸鸭蛋截图

2.1.5 娱乐幽默类

在这个无娱乐不流行的年代，短视频内容想要在第一时间博得大众关注，吸引用户点赞、评论、转发，娱乐化路线是一条捷径。因为几乎没有人会拒绝快乐，特别是女性，对娱乐性内容几乎是无免疫力的。

但需要注意的是，娱乐也需要创新，需要个性，大众化的内容虽然能够让人一笑，却很难真正让人开怀。唯有新颖的、极致化的娱乐内容，才能牢牢占据用户心智，在第一时间就火起来。

抖音用户“Jiabao”发布的一条短视频《地铁偶遇笨笨熊，这么热的天气给人们欢乐，你的辛苦我懂！》收获了点赞231.1万个，评论3.5万条，人气满满，成为爆款。该短视频之所以能火起来，和其自身极强的娱乐性有很大关系——地铁上出现了一头“笨笨熊”本身就令人眼前一亮，而这头“笨笨熊”还管起了“闲事”，将小伙放在女友腿上的手给移走不说，还非要放在自己的大腿上。这样一来，短视频就带有强烈的娱乐化色彩，让大家忍不住哈哈大笑，能火起来也就很自然了（见图2-5）。

图2-5 管“闲事”的“笨笨熊”视频截图

2.1.6 生活技巧类

生活技巧类短视频因为关注生活中的人和事，所以受众面很广，一方面人们能够从中学到实用的生活技巧，另一方面人们还能从中猎奇，满足好奇心。但需要注意的是，生活类短视频需具备“实用”这一特点，假如里面添加了太多的“噱头”，华而不实，则会让用户避而远之。

2.2 内容永远要跟着定位走

勒庞在《乌合之众》一书中提出过这样的观点：群体中的人做事时有明确的目标，但是他们却并不知道自己是在做什么。虽然短视频用户群并非勒庞笔下实际形成的群体，但互联网的特性决定了某个短视频平台的用户必然会共享内容池，在同一个社区内连接、交流，并结成一个虚拟的群体。因此，短视频要想有效地吸引用户群体，就必须明确定位，以自身明显的定位特色吸引具有相同特点或倾向的用户群体。

2.2.1 自己所擅长的在什么领域就定什么领域

想要在短视频平台上疯狂引流，必须要清楚你所擅长的在什么领域。找到这个领域，然后在平台上针对该领域把视频集中呈现。这就是所谓的自我定位。只有自我定位准确，才能在短视频中发挥优势，争夺巨大流量池。

（1）客观审视自己，锁定一个专长领域。很多人不知道应该做哪个领域的短视频，还有些人认为自己非常多元化，可以尝试多个领域。事实上，这样很可能会让你竹篮打水一场空，什么也得不到。想要借助短视频平台做好内容，获得百万粉丝，首先要客观地审视自己，锁定一个专长领域。

在这里，有以下几个方法可以借鉴：

①你做过被人赞扬最多的事情是什么？想要找到自己的天赋或者专长其实很简单，先静下心来，好好审视自己，自己做过的哪些事情是被别人赞扬得最多的。你可以把这些事情在一张白纸上列出来，如你演讲很好，不怯场，而且没有口误，逻辑思维很清晰，等等。

②你能全身心投入，并且废寝忘食地去做的事情是什么？很多人唱歌特别好听，无论是嗓音还是外形，无论是选歌还是挑战，都特别投入，有时

候一唱就是几个小时，每天都坚持发视频。这样的主播自然会受到人们的喜爱，因为唱歌就是他的专长。

③你有没有学得比别人快、用得比别人好的技能？还有一些专长，是通过后天学习得到的。其实这也是一种天赋，只是平常你很少用到。人们的认知是有限的，很多本身比别人优秀的地方，甚至连自己都很难发现，而在后来接触到某个事情时，才会突然显现出来。比如，有些人学习过演戏，但是因为一次偶然的机遇客串微电影，才发现自己演戏非常传神，还得到很多人的赞扬。这样的人如果继续对演戏加以培养，一定可以大显身手。

（2）放大现有品牌文化，加大创新力度。很多企业做短视频，目的也是引流。那么企业应如何在自己擅长的领域中发挥影响力呢？最重要的一点就是坚持企业自身品牌的力度和文化价值观，然后在这个基础上进行创新和策划。

雪佛兰汽车在抖音中就做得非常具有代表性。为了宣传2018年新款迈锐宝XL汽车，雪佛兰发布了一条极具活力的抖音视频。这条抖音用的音乐系雪佛兰官方原创音乐，用Rap演唱歌曲，用漫画的形式呈现这款汽车的创新与潮流，最终呈现出了第九代迈锐宝XL的“加州制造”精神，并且呼吁粉丝为“加州制造”精神点赞。

这条抖音符合雪佛兰这一汽车品牌忠于创新、忠于活力的文化精神。企业在做抖音视频时，没有脱离雪佛兰的价值观，而是在这个基础上用漫画、Rap的创新方式呈现内容，可谓继承并发扬了自己原有的专长。粉丝也会对迈锐宝这款汽车产生兴趣，尤其是一些充满活力的年轻人，更加会热爱这款汽车。

雪佛兰很成功地在自己擅长的领域内打了一手好牌，这种做法值得每一个同行借鉴。

2.2.2 垂直细分，寻找未饱和领域

寻找还未饱和的领域，做第一个吃螃蟹的人，这样的短视频才会更具新

鲜感，才能先发制人、一鸣惊人。以舞蹈为例，从舞种上看，可以细分为拉丁舞、爵士舞、肚皮舞、钢管舞、民族舞、KPOP等。通过垂直细分，在某个行业垂直深入的短视频将有机会拥有更多的忠实粉丝。

（1）更高的辨识度。

高个子的人站在一群矮个子中间会更容易吸引关注，千篇一律的网红脸看多了，偶尔看到一张自然纯真的脸，大家会感觉更真实，也更容易被吸引。同理，在同质化严重的竞争体系中，只有长期深耕细分领域、具备高辨识度的短视频作者，才有可能输出令用户眼前一亮的内容，吸引更多人的关注。所以，短视频作者需要从观众的心理需求和平台的算法推荐出发，选择一个适合自己的垂直细分领域，凸显自己的特点特色，努力提升账号的辨识度，才能让用户记住你，继而使自己获得更多的成长机会。

“徐琴”在抖音上就以垂直细分的内容定位赢得了大量粉丝，其发布的短视频多为情感类内容，细分为爱情、亲情、友情等次级内容，大大提升了短视频的辨识度，得到了用户的一致好评。比如，其拍摄的一个短视频，大致内容为：遇一满头白发的老奶奶撒娇，对着老伴又是小拳拳，又是飞腿，还带掐脸，进来看下老伴的反应。该视频获得了178.2万个赞，收获了6万条评论，其成功之处就在于在爱情这一细分领域拍出了辨识度——白发苍苍的妻子在丈夫面前撒娇（见图2-6）。

图2-6 “徐琴”拍摄的高人气短视频截图

（2）更易产生专业化内容。

短视频内容只有走专业化路线，才能做到极致化。标题文案写得再好，假如内容没有价值，也很难留住用户。打造能够为用户带来快乐、感动等情感的有价值的内容，需要短视频作者具备专业的知识和能力。

作家格拉德威尔在《异类》一书中写道："人们眼中的天才之所以卓越非凡，并非天资超人一等，而是付出了持续不断的努力。一万小时的锤炼是任何人从平凡变成世界级大师的必要条件。"对一个人而言，精力、时间都不是无限的，只有专注于某一个垂直细分领域，特别是原本就擅长且又深耕多年的领域，才会创造出更精彩、更具价值的短视频内容。

抖音用户"转刀小伙：小胡"发布的短视频就因专业而收获了大量粉丝。职业为厨师的小胡，和菜刀结下了不解之缘，凭借着苦练，将菜刀玩出了水准，玩出了花样，玩出了艺术（见图2-7）。

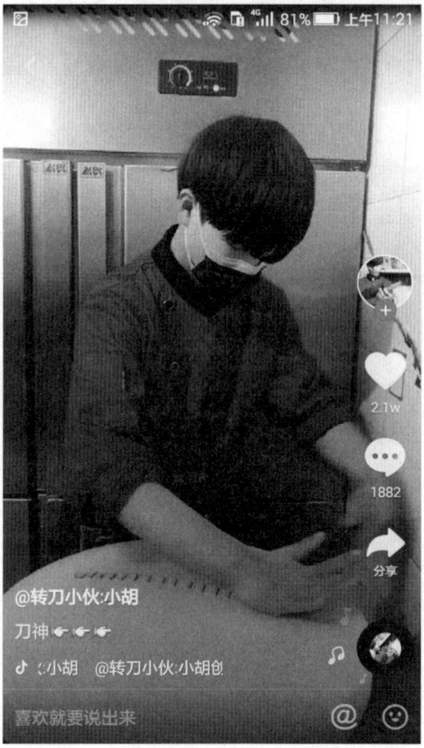

图 2-7　"转刀小伙：小胡"的专业视频截图

（3）强化IP属性。

有了更高的辨识度，具备了专业性的内容，账号才能不断地叠加IP属性。与此同时，垂直领域短视频还具有更强的议价和变现能力，更有利于作者朝着强IP方向发展。对短视频作者而言，只要行业领域足够垂直，内容有看点、有特色，就能占领更多用户的心智，强化自身IP属性。

2.2.3 盯住目标群体，根据用户需求做定位

短视频是给用户看的，而非作者的"自留地"，只有让用户愉悦了、感动了，短视频才会被关注，才会火起来。因此，在定位时，短视频作者应该

盯住目标用户群体，根据他们的需求做内容定位，而非从自身主观出发，想做什么就做什么。

（1）找到目标群体，提炼主流需求。

想要凭借一个短视频就吸引所有人的目光显然是不切实际的，因为每个人的成长环境不同、审美标准不同、个性不同，所关注的领域和话题也就千差万别，臆想着将所有人“一网打尽”的短视频，最终只会沦为毫无特色和个性的“过客”。

所以，短视频要想在内容上取胜，首先要锁定目标群体，提炼其主流需求，从而获得更多的粉丝。如此，短视频才能在内容上有针对性地迎合他们的口味，更快更好地吸引他们的眼球，提升自身的人气和短视频的转发量。

比如：运动、健身类短视频就可以贴上“球迷”“健身达人”等标签；内容和动漫等二次元有关的短视频，则可加入“萝莉”“宅男”等关键词；涉及IT行业、互联网的短视频，则可以贴上“码农”“程序猿”等标签。

（2）解决需求上的痛点。

所谓痛点，就是目标群体暂时解决不了的急切需求。确定了目标用户，在提炼主流需求的基础上，短视频作者还需要抓住目标群体的痛点，在短视频的拍摄中有针对性地加以解决。

①深入目标群体进行调查。想要抓住用户的需求痛点，短视频作者必须深入目标人群，了解他们的需求，对其进行画像，在此基础上才有可能抓住他们的需求痛点。

②针对需求痛点进行有效满足。明确了目标人群的需求痛点，短视频作者在设计内容时就需要有针对性地提出解决方案，消除目标人群的痛点。如此，才会彻底引爆目标人群，快速占领他们的心智。

毕业于某名牌大学的小植（“秋叶Excel”），在抖音上发布的第一个短视频并没有激起多大的水花，播放量不到百次，评论数也只有个位数。经过调查，小植认为抖音上并不都是漂亮小姐姐和小帅哥，或者宠物之类，还有很多知识类的内容，而且这些知识类的内容人气都很高。于是小植便将目标人群锁定为“知识饥渴族”，他认为，现在很多人都迫切想提升自身的办公软件应用水平，但受时间、精力的限制，迟迟无法得偿所愿，久而久之就成了痛点。针对用户这一需求痛点，小植在短视频中为大家呈现了各种办公软件应用小技巧，短短15秒，便一针见血，直击痛点。就这样，小植的短视频渐渐火了起来，一条新鲜出炉的视频便收获了14.2万的点赞数（见图2–8）。

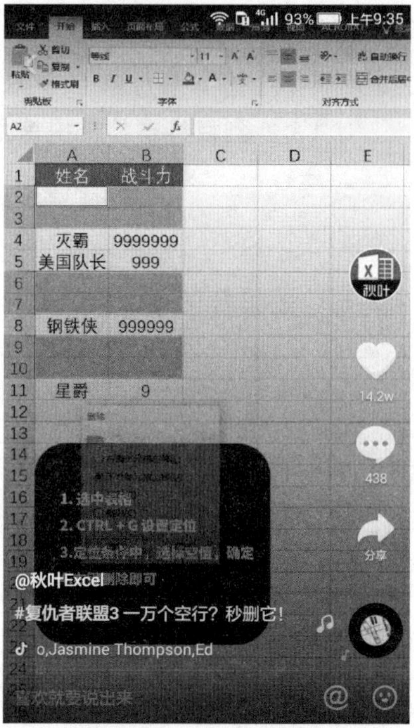

图 2–8 “秋叶 Excel”教大家办公软件应用技巧的短视频截图

2.3 只有原创力，才能让你做出无数爆款

“罗辑思维”的罗振宇针对“papi酱”爆红现象曾经感叹：花3年时间积累600万用户都抵不上“papi酱”，人家花4个月粉丝就轻松过了千万。很多人总是觉得原创费时、费力、费钱、费脑细胞，不如转发现成的短视频轻松，其实不然，转发虽然轻松，但是别人的东西体现不出自身的创意和个性，成为爆款的概率也就趋近于零。

2.3.1 原创才有吸引力和传播力

在这个碎片化时代，人们的喜好千奇百怪，这导致短视频的爆点很难被预测，任何人都不知道下一条火起来的短视频是不是出自自己之手。但是有一条却是共识：原创的短视频才更能展示作者的个性和创意，更具备辨识度，火起来的可能性才会更大。

（1）原创需要个性。

并非扛起摄像机抑或掏出手机拍一段视频，传到平台上就能火起来，原创内容的竞争力在于个性，只有充满个性的短视频才具备鲜明的辨识度，才能让你从浩如烟海的各种视频中脱颖而出——火起来！

图2-9 “办公室小野”利用办公室工具烘焙短视频截图

在抖音上拥有1737万粉丝的“办公室小野”，每一条短视频都堪称爆款。视频中的“办公室小野”以素人白领模样给予观众代入感，毫无刻意讨好和哗众取宠之嫌，也无视领导，在办公室内大胆地利用饮水机煮泡面、灯罩烘焙、给食物化妆、自制热水工具……在视频中，“办公室小野”似乎可以将任何可见的办公室物品变成制作美食的工具，且用实际行动告诉大家“办公室不只有KPI，还有吃和远方”，个性满满（见图2-9）。

（2）秉持“三有”原则：有情、有趣、有热点。

原创短视频所展示出来的情感和娱乐必须是用户愿意分享和转发的类型，内容要能够和目标群体产生强烈的情感共鸣。短视频作者需要让产品、内容和热点之间产生关联，也就是我们经常说的“蹭热点”，让短视频内容能够以最快的速度代入用户的生活场景中。但需要注意的是，作者需要注意控制好情感分寸，避免过激或过偏。

在“蹭热点”的时候，一定要蹭得有感情，要让用户从内容中感受到短视频是专门为他们制作的，让用户感到自己受到了足够的尊重和认同。

（3）前三秒：短平快、稳准狠。

原创短视频要想火起来，必须在前三秒抓住目标群体，就如同人和人之间的“第一印象”，往往第一眼就决定了彼此间的印象。原创短视频必须在前三秒内将观点鲜明地呈现出来，烙印在观众的头脑中，这样观众还没来得及思考便会被带入内容之中，被深深地吸引住。

短视频作者绝对不要在视频刚开始时插入产品介绍，因为这些内容很可能并不是用户所关注的，会让其产生不适感，甚至厌恶情绪。

2.3.2 利用新闻热点做原创

我们每天都会看到各种各样的新闻，且每天都会有新的新闻出现，因此利用时事热点做原创内容，更能吸引粉丝的目光。那么如何利用时事热点加工新闻呢？可以按照如下的方式进行：

短视频作者要观察在各大型网站、社交平台上，哪些新闻会受到粉丝的关注，数量多不多。为什么要选择看关注多的新闻呢？原因有二：一是可以利用这些新闻事件，尽可能地引起更多人的关注；二是可以利用热点来增强内容的原创性，从而达到粉丝访问超出预期的效果。比如，有一段时间网上非常关注“塑料姐妹花”的话题，就有人专门在抖音上发起了这个话题，邀请粉丝参与。参与这个话题的人都获得了不小的热度。

2.3.3 对已有视频进行二次加工

并非只有扛着摄像机抑或掏出手机亲自拍摄的短视频才属于原创，通过对已有视频素材的二次加工，加入自己的风格和创意，这样制作出来的短视频也属于原创。这种原创视频非常适合没有设备、没有足够成本和时间的作者。

（1）定主题。作者首先要想好要制作的短视频的主题，如想要“蹭热点”制作一个名人话题短视频。

（2）找素材。确定好主题后，可以在网络上搜索和主题相关的视频素材。比如，可以通过百度搜索名人的相关视频，那样便会出现很多的素材。

（3）挑选素材。作者需要从搜索出来的素材中，选出一些时长较短且相对适合主题的视频，之后进行下载。一般而言，下载五六个视频便可以保证二次加工顺利完成。

（4）拼接视频。将选好的相关视频进行剪辑拼接。

（5）配音解说。根据视频内容，进行专业配音解说。

（6）视频加工完成后，上传发布。

2.4 内容让人痛一痛，用户才会赞一赞

不管是写文案，还是做产品，抑或是制作短视频，我们每天都在说要戳中用户的痛点，如此才能有说服力，才能吸引用户。我们在得出策略、进行头脑风暴创意前的“洞察阶段”，也总会习惯性地去搜集、分析“用户的痛点”。不少短视频运营者的内容方案中，也会将用户痛点列为重点。然而，这些痛点是真正的痛点吗？假如真能戳中用户的心灵，能得到用户的点赞吗？不一定。

2.4.1 寻找用户痛点的深度、细度、强度

寻找用户痛点的三个纬度，就是要对用户没有被满足的需求在三个方面进行分析：

第一，深度。

是指用户的本质需求，它是具备延展性的，因此需要运营者多问几个“为什么”，多想想是否存在更多的可能性。例如用户对手机的最初本质需求是打电话，但是现在多了听歌、拍照、打车、社交等需求，最终使手机成了智能移动终端。同理，运营者在短视频内容中植入痛点时，也要考虑到深度。

就像大胃王“密子君”（见图2-10），最开始人们看她的短视频，最初的本质需求就是“好奇一个女孩子到底能吃多少”。但是渐渐地，单单这

一点已经不能满足用户，“密子君”如果还想让用户持续关注下去，就需要对用户的需求做进一步的扩展，分析其掩藏的深度需求。什么是用户的深度需求呢？其实就是如何才能像“‘密子君’一样能吃很多东西，但是却一点都不会胖”。大部分的人其实都爱吃，但是因为怕发胖，所以都会克制自己的口腹之欲。如果“密子君”不强调自己“能吃不胖是天赋”，而是告诉用户一些“多吃又不胖的技巧”，解决用户“爱吃又怕胖”的痛点，那么想要获得用户的持续关注就不再是问题。

图 2-10　“密子君”在抖音上开通的账号

第二，细度。

要想达到一定的细度，就要进行四重拆解。

第一重：对有针对性的内容做拆解。比如，音乐类短视频可以拆解成作词、作曲、编曲、演唱者。

第二重：在第一重基础上再做拆解。比如，作曲可以拆解出作曲人的介绍、作曲的技巧、作曲的理论。

第三重：在第二重基础上确定目标人群。一般关注作曲的不会是普通人，也不会是追星的粉丝，而多是歌手或学音乐的学生。

第四重：在第三重基础上确定一级痛点。歌手与学音乐的学生的痛点是什么？肯定不是唱歌，而是如何作出好曲子。那么，其音乐类的内容就可以确定为作曲技巧、理论的讲解。

第三，强度。

其实就是指用户对这个需求痛点的解决有多强烈。强度越高，视频火爆的机会就越大。那么，什么样的痛点是用户迫切需要解决的呢？就是那些用户主动寻找解决途径、宁愿花钱也要解决的。那么运营者要如何去发现这些痛点呢？这就需要给用户反馈的渠道，或者在视频的评论区仔细分析用户的评论，从中寻找他们亟须解决的需求痛点。

2.4.2 通过聚焦方式找到一级痛点

其实很多时候，运营者找到的痛点虽然也是痛点，但却并不是一级痛点。因此，在“痛”完之后无法产生转化。之所以会出现这种情况，是因为运营者在找痛点时，会把自己臆想的痛点当作用户的痛点，得到“自以为我应该是这样的”的一个回答。在这种情况下，短视频所展示的内容就像是隔靴搔痒，无法真正戳中用户痛点。要解决这个问题，运营者需要聚焦以下三点内容。

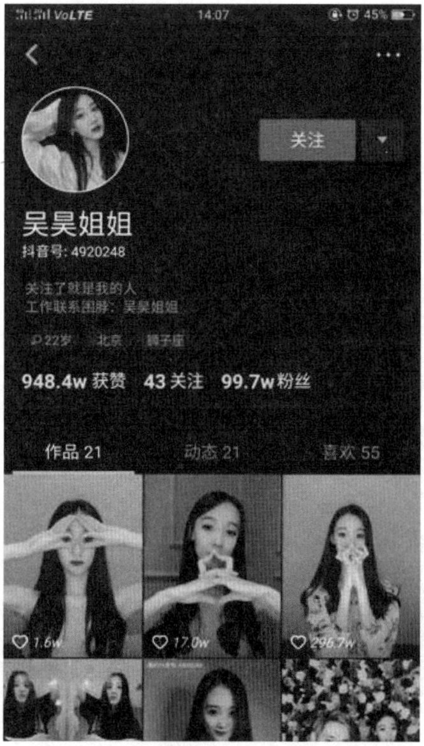

图 2-11　抖音账号运营者“吴昊姐姐”

第一，聚焦自己的用户类型。是女性用户还是男性用户？是上班族还是学生？是生活在一、二线城市的用户，还是三、四线城市的人群？

第二，聚焦用户的关注点。目标用户关注的点是什么？是好玩解压的娱乐性内容，还是能够学到技能的知识性内容？

第三，聚焦用户的弱点。用户关注你是为了解压还是为了学习？还是用户本身就是短视频运营界的人？

抖音账户名为“吴昊姐姐”的运营者，显然就是因为抓住了这一点，所以才获得了成功。截至2018年8月27日，其账号粉丝数量达到了99.7万，获赞数达到了948.4万（见图2-11）。

她把自己的短视频内容定位为“手指舞表演”。首先，她先聚焦自己的用户类型。什么样的用户会观看手指舞呢？一般来说多是一、二线城市的用户，且以年轻用户居多。接着她再聚焦目标用户的关注点，用户关注的是把每段自己认为好的音乐都编成手指舞，且一看就能学会。最后，聚焦目标用户的弱点。其弱点可分为两类：一是为了解压，通过观看手指舞表演来释放自己的压力；二是为了学习，希望通过观看“吴昊姐姐”的视频，学会手指舞。

通过聚焦这三个方面，“吴昊姐姐”发布的视频内容都跟手指舞有关，且都会有放慢速度的视频，让用户可以边观看边学习。

2.5 能减压的内容，到哪里都受欢迎

现阶段，人们的生活节奏和工作节奏越来越快，所承受的压力也越来越大，所以对减压内容的需求非常迫切。可以这样说，谁满足了用户减压的需求，谁的短视频就能在短时间内引发用户的关注和追捧，就能火起来。

2.5.1 动物是天生的减压高手

动物，特别是频繁出现在人们生活中的宠物们，如狗、猫、兔子、小猪等，往往会在第一时间给人们带来欢乐，它们忠诚、敏捷、纯善、憨厚，是天生的减压高手。因此，动物类视频往往会受到很大的关注，这类短视频成为爆款的可能性自然会变得更大。

在抖音上拥有1220.3万粉丝的“金毛蛋黄”所发的短视频中，金毛、哈士奇永远都是主角，通过讲述日常生活中金毛和哈士奇的种种趣事、怪事和“二百五”事，给用户带来了无限的快乐。“金毛蛋黄”的每条短视频都是“减压神器”，都能让大家开怀大笑。比如，在一条《金毛二哈，我们不一样》的短视频中，金毛吃饭叼来了自己的饭盒，哈士奇吃饭却叼来了一个大

脸盆，强烈的对比效果不禁让大家喷饭（见图2–12）。

2.5.2 儿童的快乐会传染人

和小动物一样，儿童的言行天真无邪，满满的童趣会让人紧绷的心弦得以放松，感受到久违的平和、宁静。所以，和儿童相关的短视频也是人们的“减压神器”，受关注指数也非常高。

抖音用户“俊虎”所发的一条短视频在一小时内就收获了59万点赞量，火了起来。这条视频的主角是一个看电视的小女孩，由于代入感强烈，持续地发出充满魔性的笑声。在看“俊虎”的《吃个面容易吗？这电视机放弃跑吧，这小孩魔性笑声，我面都没吃就听着她笑》时，当听到小女孩的魔性笑声，大家是不是也跟着开心起来了呢（见图2–13）？

图 2–12　关于哈士奇叼来了大脸盆的截图

图 2–13　开心大笑的小女孩视频截图

2.5.3 运动健身嗨起来

运动健身是人们缓解压力的一种主要方式。很多时候，觉得累、压抑时，跑跑步，打打球，做做瑜伽，练练拳击，就能快速地将自身放空。运动健身类的短视频不仅能够有效地指导和提升大家的运动健身技能，还能帮助大家快速减压，因此对用户的吸引力也非常大。

（1）展示运动健身的乐趣和魅力。这类短视频通过分享运动健身的乐趣，能够让用户迅速被感染，产生强烈的代入感，感受到运动健身的魅力，获得巨大的乐趣。

（2）分享运动健身的知识和技巧。这类短视频面向用户，分享运动健身的一些知识和技巧，以提升大家运动健身的水平和效果。

（3）挑战运动极限，传播竞技精神。这类短视频主要以极限运动和花式健身为主，目的在于通过各种极限挑战传播竞技精神。

2.5.4 幽默搞笑最开怀

俗话说："笑一笑，十年少。"很多时候，微微一笑，心中积蓄的压力就能得到释放。因此，越是幽默搞笑的内容，越能缓解用户的疲劳和压力，越能引发关注、点赞和分享推荐。

（1）讲故事。人人都喜欢听故事，特别是幽默、娱乐性强的故事。因此，短视频的故事性强，娱乐色彩浓，减压效果就强。

（2）滑稽搞笑。越是滑稽，越是搞笑，便越能成为用户的开心果，让大家放松开心起来。因此，滑稽搞笑的短视频往往更能吸引较多人关注，人气更高、更火。

2.6 内容有价值，视频有人气

短视频火不火，有没有价值是最主要的因素。短视频作者必须要明确的一点是：用户只会关注对自身有价值的短视频，绝不会将时间和精力浪费在毫无价值的视频上。因此，短视频要想成为爆款，就必须彰显自身的价值。

2.6.1 贴上“知识专家”标签

一个人不管学历有多高，都不可能对这个世界无所不知。因此，人们需要不断地在生活和工作中汲取新知识，学习新技巧，不断地丰富自身的知识储备，提升专业技能水平。当短视频变身为“知识专家”，具备了为用户提供知识技能的价值时，其必然也会成为用户生活和工作中不可或缺的一部分。

（1）实用。短视频所讲述的知识和技能之于用户，要实用才有价值，假如所讲述的知识和技能华而不实，对用户的生活和工作没有丝毫帮助，那么这种知识和技能在用户眼中就没有任何价值。

（2）专业。短视频既然被贴上了“知识专家”的标签，所展示的内容就必须有一定的深度，体现专业性。假如仅仅是在某一知识和技能上蜻蜓点水，毫无专业性可言，那么也不会给用户留下深刻的印象。

（3）简单。知识讲授要深入简出，一看就能理解；技能展示要清楚透彻，让人能轻松上手。这样的短视频才更能引人关注和推荐。

抖音用户“面点田亮”所发布的短视频都是向用户普及面点知识和制作技巧的，因其讲述的面点知识专业、实用，教授的面点制作技巧简单易学，所以短时间内便收获了大量粉丝。比如，其发布的一条《葫芦包教程》短视频，用十几秒的时间，为大家普及了葫芦包的特色和制作技巧，视频在让观众大开眼界的同时，也让观众学会了如何制作。短短一天时间，便收获了28.4万个赞（见图2–14）。

2.6.2 提升用户生活质量

人们在生活中会遇到各种各样的问题，如衣服上的污渍洗不掉、笔记本电脑太烫、网购的裤子不合身、头皮屑太多、脸上长了很多痘痘、脚后跟干燥起皮，等等。这些问题解决不好，会严重影响人们的生活质量。针对人们遇到的这些烦恼和问题，提出解决方案，这样的短视频在人们看来才会更具价值。

抖音用户“教你生活小妙招”所发的短视频就为人们展示了生活中各种常见问题的解决方法，帮助人们轻松地解决遇到的各类问题。这些短视频极大地提升了人们的生活舒适度和生活质量，因此每一条都获得了大量点赞和转发推荐。比如，一条关于裤子太大怎么办的短视频，就获得了105.6万个赞，成为爆款（见图2-15）。

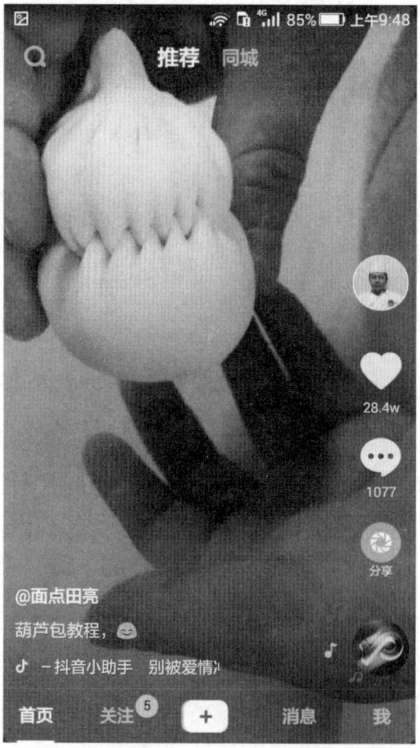

图 2-14 “面点田亮”发布的葫芦包教程短视频截图

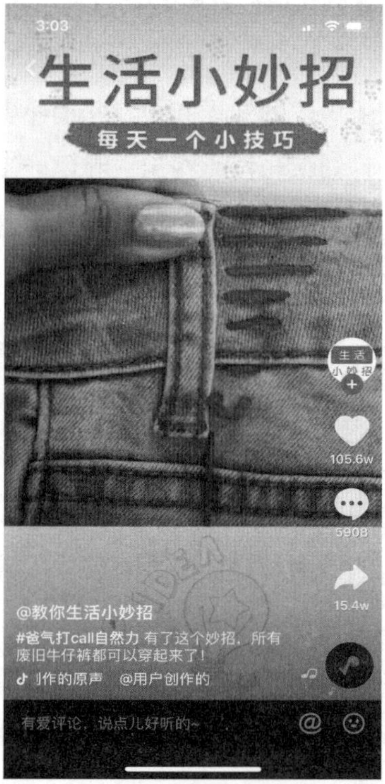

图 2-15 “教你生活小妙招”短视频作品截图

2.6.3 聚焦关注领域的动态信息

短视频之于目标群体的价值还表现在聚焦上——能够为目标用户群体搜集所关注领域的最新动态信息。如此一来，短视频对于目标群体来说就更有价值了，甚至能够让用户产生依赖感。

（1）聚焦目标群体的关注领域。目标群体关注什么内容，短视频就聚焦什么内容。比如，目标群体是白领，那么短视频就聚焦办公技能，聚焦吃喝玩乐游；目标群体是老年人，短视频就聚焦如何保健，如何预防疾病……

（2）挖掘问题，提供解决方案。目标群体在所关注的领域遇到了什么问题，有哪些痛点，短视频就要对这些问题和痛点进行挖掘，并提出解决方案。这样的短视频在用户眼中才最有价值。

2.7 能歌善舞有创意，用户为你攒人气

自古以来，人们对歌曲和舞蹈的喜爱从未变过，古有长袖善舞的歌姬，今有粉丝无数的歌星。基于人们对歌曲和舞蹈的这种迷恋和狂热，以歌舞为内容的短视频，往往能成为平台上最具人气的短视频。另外，有创意的短视频能够让人眼前一亮，自然也不缺少人气，能快速成为人们关注的“宠儿”。

2.7.1 歌唱得好，短视频就能“一鸣惊人”

星光大道捧红了众多“草根”明星，如“大衣哥”朱之文——一位地地道道的山东农民，身穿军大衣登台，一鸣惊人，一炮而红。由此可见，歌唱得好的人更容易有出人头地的机会。同样的道理，短视频中的人物歌唱得好，短视频火爆起来的可能性就会大增。

（1）要有自己的特色。千篇一律的发声很难引起大家的注意，有特色，才能在第一时间引起关注。比如，嗓音甜美，或者音调有旋律感，抑或

歌词有个性……只有具备辨识度，歌曲才能吸引人。

（2）肢体动作要到位。唱歌并非仅靠一张嘴，还应该编排个性的肢体动作，配合演唱，从听觉和视觉两个方面配合共同刺激用户，才能达到最佳效果。

（3）配乐要有风格。在选择配乐时，短视频作者要根据歌曲的特色做出最恰当的选择，力求配乐和歌曲相得益彰，最终取得“1+1＞2”的效果。

在快手上拥有30.6万粉丝的“爱唱歌的左左”（见图2-16），所发布的短视频的内容都是自己唱的歌，由于其歌声清脆，嗓音动人，旋律优美，再加上其人长得漂亮，所以收获了大批粉丝。很多人看了她的短视频后，觉得她“唱得比原唱还好听”，“声音很甜美，动人，听了久久难忘”……

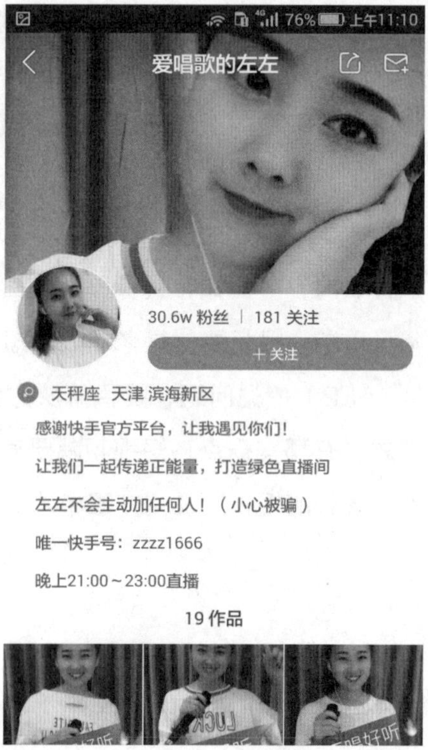

图 2-16 “爱唱歌的左左”的快手账号截图

2.7.2 舞跳得好，才能魅惑众生

除了歌唱得好之外，假如你有舞蹈特长，舞姿有特色，也有极大可能在第一时间火起来。舞蹈能够展现人体之美，能够释放青春之美，能够传递情感之美，是最贴近生活的艺术，短视频聚焦舞蹈，火起来的概率会大大增加。

（1）细分舞种，展示专业。想要跳出人气，就要对舞蹈进行细分，展现出专业性。越细分，越专业，才越能出彩。

（2）有个性，有特色。一个有个性和特长的人，很容易被周围人所关注；同样的道理，舞蹈有了个性，跳出了特色，那么拍摄的短视频就会吸引人，才能有人气。因此，舞蹈类短视频必须要贴上个性标签，跳出辨识度。

拥有151.9万粉丝的抖音用户“LemonGirls”，所拍摄的舞蹈短视频便充满了个性和特色，其舞蹈可以用一个词进行概括——魔性！不管是配乐，还是舞蹈动作，“LemonGirls”的舞蹈总是那么富有魔性，让人看了第一眼后便欲罢不能，被其舞姿折射出来的个性所深深吸引（见图2–17）。

图 2–17 “LemonGirls”的魔性舞蹈短视频截图

2.7.3 创意！创意！创意！重要的话要说三遍

不管是唱歌还是跳舞，抑或是既唱又跳，短视频要出彩，除了要有专业性和个性外，最重要的是一点就是要有创意！有了创意，腐朽也能化为神奇，平凡也能成就奇迹。因此，歌舞类短视频必须在创意上做好文章。

（1）立意。唱歌跳舞，立意始终是关键。立意如同万丈高楼的基石，有立意、有新意，歌曲和舞蹈才能让人眼前一亮。歌曲和舞蹈要有发散思维，不局限于陈词滥调和固有的舞蹈动作，要善于从生活中甄选好的创意；不落俗套，给人一种不一样的代入感。

（2）构架。如果说立意是灵魂，那么构架就是歌曲和舞蹈的骨架，构架有创意，歌曲和舞蹈才会更加吸引人。歌词和舞蹈在构架创新上要更富有表现力，更注重细节和衔接。

（3）表现形式。歌曲和舞蹈在表现形式上的创新非常重要，能直接影响到短视频的观赏性和代入感。比如，绝大多数人一提到歌曲和舞蹈，便会想到人——人在唱歌，人在跳舞。但是假如唱歌、跳舞的不是人，而是动物、机器人，或者线条呢？是不是会让人耳目一新，甚至尖叫起来呢？

抖音用户“线条君LineDancer”拥有415.5万粉丝，其所发布的舞蹈短视频在表现形式上进行了创新——舞蹈表演者不再是帅哥美女，而是线条人。短视频中的线条人跳起了魔性十足的舞蹈，让看惯了帅哥美女的用户耳目一新，犹如发现了新大陆一样，纷纷点击观看，使得“线条君LineDancer”发布的每一条短视频都人气火爆。比如，其发布的一条《跑回家开party》的短视频，在发布一小时内便收获了79.4万个赞（见图2-18）。

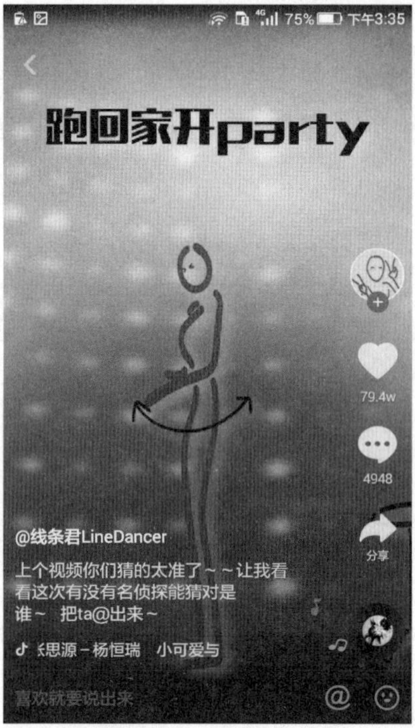

图 2-18 “线条君 LineDancer”发布的人气短视频截图

2.8 好看的视频千篇一律，有趣的内容万里挑一

各个平台上的短视频数以万计，你的短视频想要杀出重围，鹤立鸡群，获得满满人气，就必须贴上“有趣”的标签。因为在这个娱乐至上的时代，短视频只有在内容上表现出足够的趣味性，才有可能成为爆款。

2.8.1 奇趣

人人都有好奇心，对未知的事物充满了探索欲。基于人们的这种心理，短视频作者可以在内容上主打“奇趣”，带领大家体验各种新奇事物，探索各种未知领域，从而满足用户的好奇心，快速提升自己的人气。比如，研究各种水果的新奇吃法，探索各种昆虫的习性，展现各地的风土人情等，都能快速吸引用户的关注，收获大批粉丝。

快手用户“小东：食玩”所发布的短视频，便充满了奇趣——以各种水果、蔬菜等为原料，向大家展示许多种充满奇趣的食物做法，制作出各种色彩和口味的美食。很多用户很快便被“小东：食玩”发布的短视频所吸引，成为他的忠实粉丝。比如，其在一条《习惯新吃法》的短视频中，为大家介绍了一款充满奇趣色彩的“西瓜饼”的做法，让该短视频瞬间成为爆款（见图2-19）。

图2-19　介绍“西瓜饼”做法的短视频截图

2.8.2 野趣

现代都市人生活和工作的节奏越来越快，身处高楼大厦之中，很多人对田野山林非常向往。因此，富有野趣田园色彩的短视频往往能够快速地吸引大家的关注，获得可观的流量。

（1）抓鱼、捉虾、赶海。这些富有野趣的短视频往往会引发都市人无穷无尽的好奇感，勾起他们对大自然的向往之情。

（2）野外探奇。祖国大地山河壮丽美好，隐藏着无数壮阔瑰丽的风景，大自然中充满野趣的惊奇发现往往能够引发人们的关注。因而，野外探奇类的短视频都具有很强的代入感，能够快速吸引观众，聚集人气。

抖音用户“黑蚁”发布的一条《鸬鹚捉鱼》的短视频，就充满了野趣——碧绿的江水、简朴的竹排、白发白须的老人，以及3只欢快勤劳的鸬鹚和它们捕捉上来的大鱼。短短十几秒钟，让用户好似身临其境，激起心中对大自然的深深向往之情。因此，这条短视频也引发了用户的极大关注，在发布一天之内便收获了75万个赞（见图2-20）。

2.8.3 乐趣

充满乐趣的短视频，永远都是用户关注的焦点。谁创作的短视频的乐趣多，用户就支持谁、喜欢谁、推荐转发谁。因此，短视频作者应当在内容上聚焦乐趣，传递乐趣，或能让人微微一笑，或能让人开怀大笑，如此一来，短视频才会更有人气。

快手用户“小舞王！大管家”所拍摄的霹雳舞短视频就充满了乐趣，他在霹雳舞动作中加入了搞笑元素，夸张的动作和人物之间的幽默配合，让每条短视频都充满了乐趣。例如，其发布的一条《搞笑霹雳舞》的短视频，充满了魔性的舞姿，拥有搞笑的故事情节，让人看后忍俊不禁（见图2-21）。

图 2-20 “黑蚁”发布的《鸬鹚捕鱼》短视频截图

图 2-21 “小舞王！大管家”发布的《搞笑霹雳舞》短视频截图

2.8.4 意趣

制作短视频，还应将哲理、经验等立意融入趣味之中，让人看后能够收获某种感悟，在精神上有所升华。这类短视频往往立意高远且趣味较强，于平淡之中蕴含惊雷，让用户看后如饮用了陈年老酒，回味无穷。因此，蕴含意趣的短视频受到关注和转发的频率往往都很高。

抖音用户“珊”发布的一条《这一幕好美……》的短视频，因为充满了意趣，在3个小时内便收获了36.2万个赞，迅速火了起来。在这条只有十几秒的视频中，人和动物之间的温馨互动，传递出了人和动物之间的同生同荣，引发了人们的精神共鸣（见图2–22）。

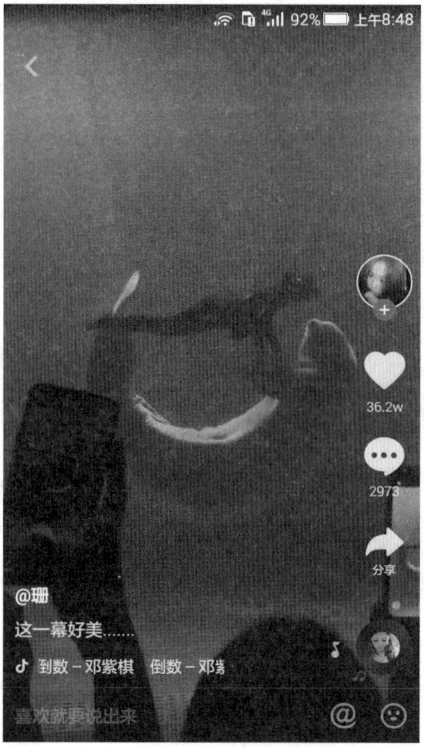

图 2–22 “珊”在抖音上发布的短视频截图

2.9 你的视频内容要满足平台需求

每个平台都有自身侧重的内容需求，你的短视频只有满足了相应的需求，有的放矢，火起来的可能性才会大大增加。假如不对平台的需求进行剖析，仅凭个人喜好去制作短视频，那就犹如无头苍蝇，只会处处碰壁。

2.9.1 抖音：年轻人展示自我个性的舞台

抖音主流用户的标签是90后，他们标榜个性，乐于展示自我，渴望即时互动。主流用户的需求也就是抖音的需求，想要在抖音上打造爆款的短视频作者，所制作的视频内容除了需做好音乐外，还要能体现个性和社交属性。“动听音乐+个性”，具备了这一属性的短视频，火起来的概率会大增。

年轻人有压力，更有勇气和拼搏的欲望，抖音用户“九九”所发布的短视频《一个人没有了负担，忘记了烦恼，什么事都敢做》，展现了年轻人特有的“勇气”“挑战”“无畏”“拼搏”的个性——当彻底放空身心，怀揣勇气和梦想时，人便敢于在“天路”上行走！这条短视频满足了抖音用户的主流需求，因此在发布4个小时内便收获了37.5万个赞，彻底火了起来（见图2-23）。

图 2-23　“九九”在抖音上发布的短视频截图

2.9.2 快手：高社交需求

快手操作门槛低，用户可以随拍随发，不需要多么复杂的剪辑，从而为用户带来特别自由、愉悦的使用体验。基于此，快手对短视频的需求以原生态为主，要能满足“普通人”的高社交需求。

才艺类、生活类、工作类、美食类、公益类、技能类、动物类等原生态、高社交内容的短视频，在快手上往往更易引发围观，快速火起来。

快手用户“小象的跟班”在快手上所发布的短视频就属于原生态的工作类内容。作为一名动物园大象饲养员，他将大象作为主角，拍摄短视频，让大家能够直观地了解大象的生活状态。比如，其发布的一条为大象洗澡的短视频，一个小时内便收获了46765个赞，聚集了大量人气（见图2-24）。

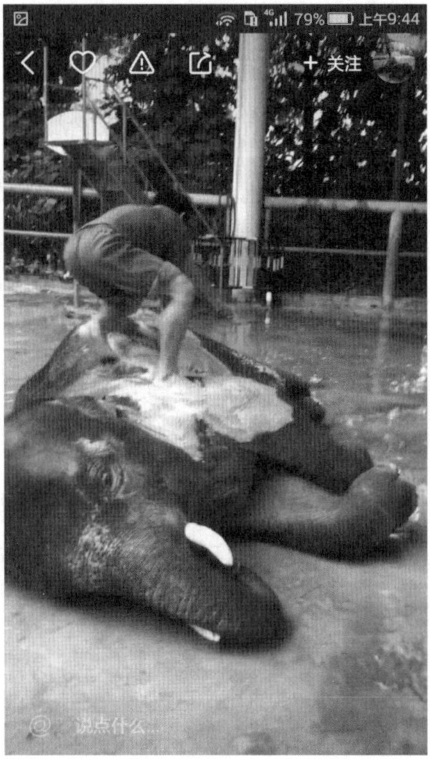

图 2-24 “小象的跟班”为大象洗澡

2.9.3 秒拍：垂直的PGC内容更吃香

PGC内容，简而言之，就是专业和专家内容，权威性更高。秒拍由于背靠微博这一强大资源，所以其平台上的主要内容以分类更为垂直的PGC内容以及网红、明星自拍为主，用户的男女比例较为均衡。

想要在秒拍上火起来，用户的短视频内容可以尝试聚焦以下两点：

（1）细分领域，满足专业化需求。短视频内容要聚焦行业，细分领域，要突显专业化色彩，这样才能吸引秒拍用户关注，聚集高人气。

（2）邀请行业专家，发布权威观点或信息。假如短视频作者有专家资源，则可以邀请行业专家参与录制视频，突显视频的权威性，吸引更多用户关注。

2.9.4 美拍：女性爱美的需求就是平台需求

用户通过美拍端拍摄并上传的内容为1∶1长宽比的UGC原创视频内容，同时因为美拍拥有功能强大的美颜滤镜，所以对爱美的女性有巨大的吸引力，其女性用户和男性用户比例曾一度达到了惊人的9∶1。可以说，女性爱美的需求就是美拍平台的需求。

（1）一、二线城市的年轻女性、“外貌协会成员”，和这类女性相关的内容便非常适合美拍的需求。

（2）提升美貌和身段的秘籍。一切关于能够提升女性颜值和健美身段的内容、秘籍，都有可能成为美拍用户追捧的爆款。

（3）吃、穿、玩、乐、游。女性的消费欲望相对于男性更强烈，所以和吃、穿、玩、乐、游相关的短视频内容，更有可能成为美拍爆款。比如，如何穿衣才能穿出淑女范儿、哪家餐厅的食物更美味诱人等，此类视频在美拍上的人气往往都很高。

2.9.5 小咖秀：越新鲜越有创造力，就越受欢迎

小咖秀上的用户更喜欢尝试新鲜事物，他们看到的事物通常更富有创意，所以小咖秀更需要新意满满的短视频内容。

（1）标新立异。这类短视频新奇、有个性，甚至在大众眼中属于异类，但是在小咖秀上却能火起来。

（2）创新。对人和事物的解读视角要新、要奇，富有创造性。

（3）尝试新鲜事物。以在大众眼中不常见的，抑或某个领域的最新成果和产品为展示内容的短视频，在小咖秀上往往更有人气。

第3章

讲故事：小说靠它、电影靠它、短视频更要靠它

人人都爱听故事、看故事，因为故事有着无与伦比的表现力和代入感，能够给人们带来更具体、更生动、更形象的感官体验。因此，短视频需要讲好故事，要善于通过故事表达自己的观点。如此，你的短视频才能深入用户内心，占领用户心智。

3.1 你的故事要符合短视频的要求

一段短视频所呈现出来的故事，必须要契合短视频自身的特色和要求——短视频本身短小精悍，这一特点要求其所讲述的故事也必须简洁精练，不能像电视剧、电影、小说那样冗长地讲故事。

3.1.1 精练

短视频要求故事短小精悍，叙事逻辑要简洁，主题要明确，力求在用户点击后，第一时间用情节将其吸引住。

（1）情节要简而精。想要在几分钟、几十秒甚至十几秒的时间内讲述一个吸引用户的故事，故事还要完整，在情节上还要有起伏，有亮点，符合目标群体的口味，那么故事本身就必须要足够精练。时间短暂要求故事在内容上必须精而优，不能有多余的情节铺垫和冗长的对白。因此故事的情节必须更加清晰、简明。

抖音用户“文字君”善于利用短视频为粉丝讲故事，在短短的十几秒时间内，通过陆续发布的一句句文字，将大家带入一个个短小而精悍的故事情节中。比如，“文字君”发布的一条《睡前讲个扎心的故事》的短视频，短短十几秒，便让粉丝真正感觉扎了心：“一个匪徒抓走了一对恋人，让他们石头剪刀布，赢的人可以被释放，输的人会被杀害。这对恋人约好了一起出石头，最后……男人出了剪刀，女人出了布。”该短视频讲述的故事形式新颖，情节简短精练，寓意深远，发布后获得了117.3万人点赞（见图3-1）。

（2）分系列。假如故事在情节上确实需要铺垫，或者故事本身在短短十几秒的时间内讲述不出预期的效果，那么可以将故事拍成系列短视频。如

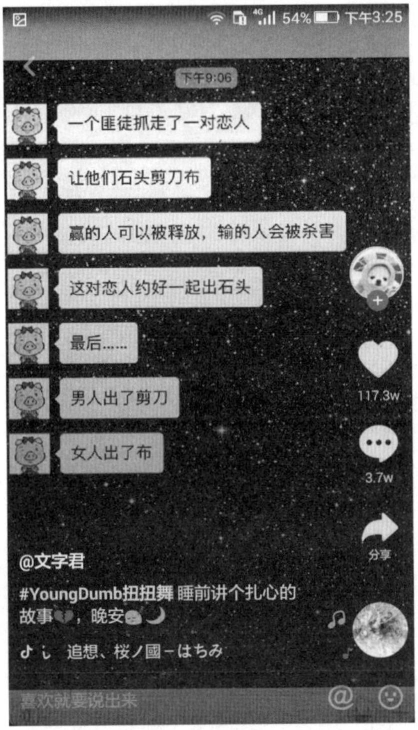

图 3-1 《睡前讲个扎心的故事》短视频截图

此一来，通过系列短视频反复铺垫和渲染，最终可拼接出一个主题明确、情节丰满的故事。

3.1.2 角色个性明确

短视频要求故事在情节上尽可能地短小精练，力争在最短的时间内讲清楚、讲明白。在这个大前提下，短视频故事想要火起来，就需要强化角色的个性，只有在有限的时间内突出角色的个性，才会更引人关注，才能在用户头脑中留下深刻的印象。

（1）突出主要角色的个性。既然短视频要求故事情节简短精练，那么只有彰显故事主要角色的个性，用户才会对短视频的故事印象深刻。反之，假如主要角色毫无亮点，那么在如此短暂的时间内，整个故事也就显得毫无特色，就不会给用户留下特别的印象。

抖音用户“汪梦云”所发布的短视频就讲述了和自己相关的一个个小故事，这些故事虽然短，但是因为故事中的她个性鲜明，展现出了足够强烈的韧性和坚持，所以吸引了越来越多的用户关注。

比如，其发布的一条《只要坚持，就能成功》的短视频，在短短的十几秒内，为大家讲述了自己的创业故事：毕业第一年带着两万和一个梦想，开启了旅行创业之路。只要坚持，就会到达。平平淡淡的几句话，却彰显出了她坚忍的个性，这个为了梦想而拼搏的故事自然也就火了起来（见图 3-2）。

（2）形成明显的个性冲突。主要角色有个性，次要的角色也需要有自身的特色，能够和主要角色形成明显的个性冲突，如此，才能制造出强烈的对比效果和故事代入感。

图 3-2 “汪梦云”短视频截图

3.2 明确你要讲一个什么样的故事

在拍摄之前必须要明确，你的短视频所讲述的是一个什么样的故事，一个连所要讲述的故事是什么都不清楚的人，是很难拍摄出一个好的短视频的。

3.2.1 确定主题

主题是故事的灵魂，只有主题明确，故事才会彰显出强大的吸引力。假如短视频的主题混乱，抑或模糊不清，则会让观看短视频的用户丈二和尚摸不着头脑，不知道短视频说的是什么，最终弃之而去。

（1）确定故事的核心。故事的核心就是故事的主题思想，就是你要通过这个故事告诉大家什么。比如，你想告诉大家一则人生哲理，或者向大家传授一条工作经验，抑或表达对于爱情的某些看法……只有确定了故事的核心，之后你才能围绕它设计故事的角色、语言以及情节。

抖音用户“颖”发布的短视频都是一个个的小故事，这些故事的核心都很明确，能够让用户在第一时间就明白所看的是什么事情，短视频故事想要表达的是何种价值观。因此“颖”的短视频故事代入感都很强，往往会引发用户的强烈共鸣。

比如，其发布的一条短视频，讲述的故事虽然短，但核心却非常明确：爱情里最好的就是我心疼你胜过爱自己。这条短视频的主角是作者闺蜜的老公，在作者闺蜜生孩子的时候，因为心疼老婆而流下了眼泪。作者在短视频中深情地讲述道："闺蜜给他生了个儿子，心疼的他在门口哭半天。爱情里最好的就是我心疼你胜过爱自己。"短短十秒的一个小故事，却温暖感动了无数人。这条短视频发布后，总共收获了204.5万个赞和6万条评论（见图3-3）。

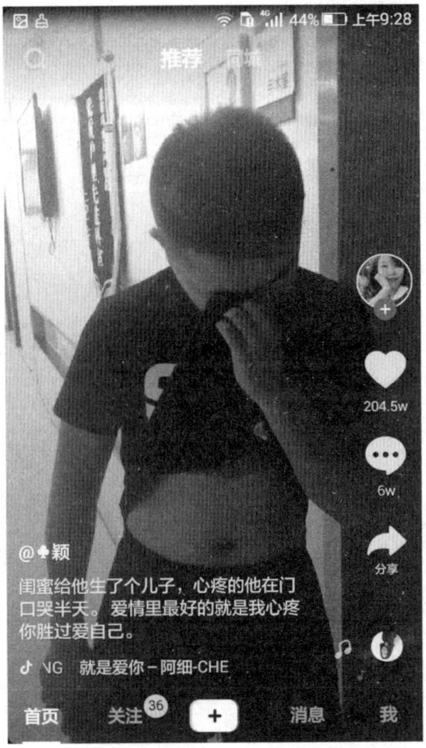

图 3-3 "颖"发布的短视频截图

（2）确定故事的类型。确定故事的核心之后，还需要确定最适合表现核心的故事类型。比如，是创业故事还是爱情故事？是幽默故事还是寓言故事？只有找到最适合表现故事核心的类型，才能将故事完美地呈现给广大用户。

3.2.2 明确故事的角色

确定故事主题之后，你还需要明确故事的角色。因为故事主题需要角色承载，只有角色设置合理、明确，才能让故事主题更加鲜明，拍出来的短视频才会更吸引人。

（1）主角必须和故事主题相契合。什么样的主题决定了什么样的主角，一个严肃的价值观主题不可能通过滑稽主角演绎出来，一个幽默的主题也不可能由面部表情呆板的主角诠释出来。因此，主角的形象、性格、气质等，必须和故事的主题相契合。

抖音用户“Cheng－钰雅”一直想拍一条以“亲情最美”为主题的短视频，为了最大限度地突显这一主体，“Cheng－钰雅”决定让96岁的姥姥担任短视频亲情故事的主角。已经96岁的姥姥对亲情非常看重，经常念叨身边的亲人。有一次姥姥想念她的小儿子，于是作者的妈妈便开车送姥姥来到小儿子的公司，姥姥和小儿子在马路边相见，彼此说着关心的话，作者趁机拍下了这温馨的一幕。由于主角选择得当，将亲情演绎得淋漓尽致，击中了用户心中最柔软的地方，这条短视频在发布后1个小时内便收获了186万个赞（见图3–4）。

图 3–4　“Cheng－钰雅”发布的短视频截图

（2）适当设定次要角色数量。当一个主角无法将故事主题完美地展现出来时，就需要设定次要角色加以配合。次要角色既不是越多越好，也不是越少越好，而是要根据故事主题的需要进行设置，以能和主角形成完美搭配为宜。

3.3 找出好故事才能讲出好故事

想要用短视频讲述一个好故事，你首先需要找出一个好故事。那么如何才能找出一个好故事呢？这就需要你根据设定的主题寻找好的故事素材，有了和主题相契合的素材，你才有可能最终讲述出一个好的故事。

3.3.1 你自己的故事

对每个人而言，最好的故事其实就是“自己的故事”，因为唯有亲身经历的，才是最真实、最生动的。你身边的人和事儿，就是你最好的短视频故事素材。你可以根据所确定的具体故事主题，从自身经历中寻找最契合的素材，如此，故事才会有血有肉有情，才能有个性和感染力。

但是讲述你自己的故事在有些时候往往会存在一定的风险，因为每个人的生活经历不同，所形成的价值观和世界观也不同，所以用户可能会对你的故事产生一些狭隘的看法。你可以用“第三人称代入法”化解这种可能存在的风险，如此一来，用户们便会觉得自己成了故事的主角，会被细节触动，仿佛身临其境，觉得这个故事就是自身一次间接的经历。

故事结尾时，假如你将自己的身份“曝光”，那么不管你在短视频中所讲述的是一种“成功者的辉煌”，还是“失败者的彷徨”，都会为故事带来真实感，从而大大提升故事的感染力，营造更为强烈的震撼效果。

你可以从以下几个方面寻找自己的故事：

（1）辉煌的那一刻。对于大多数人而言，“普通人的影响之旅”是一个能够产生共鸣的话题，假如故事以它为核心，通常会营造强烈的代入感。你可以问问自己：“从出生到现在，什么事情最自豪？让你最有成就感？最难忘？最想让别人知晓？”通过这样的问题，你会找到一个你最想诉说的故事，想要和大家分享一段也许算不上多么成功但却终生难忘的经历，鼓励周围的人，传播正能量。

（2）失意的时刻。和辉煌的故事相比，失败的故事也同样具有教育意义，将其拍成短视频，能够给人以深刻的印象。你可以在内心中反复地问自己，人生中最失败的事情是什么？所承受的最大打击是什么？有什么宝贵的经验值得和大家分享？通过短视频，公开分享你的错误、彷徨、脆弱、尴尬，虽然看起来很“糟糕”，但是用户却会觉得很真实，很有教育意义。因此，讲述这种故事的短视频往往更能引发用户的共鸣。

将去男朋友家遇到的尴尬事儿拍成短视频的“叮叮叮”在抖音上火了起

来，她的短视频故事引发了广大女性用户的共鸣——大家去见男朋友家长的时候，或多或少都会遇到一些尴尬事儿。比如，男朋友妈妈夹到碗里的菜是自己最不爱吃的、肚子正好不舒服、想放屁只能使劲憋着等，尴尬而又搞笑。这条短视频在发布后两个小时内便获得了109.6万个赞（见图3–5）。

图 3–5　“叮叮叮”发布的人气短视频截图

（3）你生命中重要的人。你的故事还可以是你生命中出现的重要的人，或者是素未谋面却对你产生重大影响的人。故事的主角可以是你的父母、老师、朋友、老板，抑或是一个神秘人物。你可以讲述和他们一起经历过的事情，以此表达你所认可的价值观，从而引发用户的共鸣。

3.3.2 时事热点

时事每天都发生，热点每天都在上演，这些往往都会吸引人们的关注。你只要关注一些热议的社会事件，找到一个适合的视角切入，用一个最好的场景再现，阐述你的观点，那么你的故事便能收获人气。比如，2018年9月的中非合作、印尼亚运会中国女排夺冠，甚至某个明星的婚礼，都能够引申出一系列的故事题材。

3.3.3 普通人的感动事儿

普通人身上发生的令人感动的事儿，往往会是很好的短视频故事题材。一些普通人看似平凡，却做出了不平凡的事；一些普通人为了生活奔波忙

图 3-6 “西安新城”发布的讲述外卖小哥遭遇的短视频截图

碌，遇到挫折而伤心落泪；一些普通人心地善良，会在别人落难的时候伸出援手拉上一把……这些都是非常好的短视频题材，能够在很大程度上触碰到人们内心中最柔软的地方。

抖音用户“西安新城”发布的一条短视频在短短十几秒内讲述了一位外卖小哥的辛酸遭遇：他含泪吃下了外卖，只因送晚了，客户不要了，请多一份宽容。这条短视频故事让大家了解了外卖小哥的辛酸，各行各业谁都不容易，彼此需要给予更多的理解和宽容。“西安新城”的这条短视频因为讲出了普通人的辛酸事，感动了无数人，因而在发布4个小时后便收到了205.1万个赞（见图3-6）。

3.3.4 一本书，一部电影

在你的生命中，是否有一本书让你久久难忘，犹如一盏指路明灯，时时刻刻为你指明前进的方向？这本书对你的人生产生了重大影响，甚至改变了你的人生轨迹和价值观。假如你能想到这么一本书的话，那么它也能成为你短视频故事的主角抑或重要素材。

比如，你喜欢《狼图腾》，喜欢其所描述的狼的团结、坚忍、果敢；抑或你喜欢《林肯传》，喜欢林肯从微末到伟大的成长经历，以及其所提倡的爱和自由，那么你就可以将它们融入故事中，通过对书籍内容进行分享、提炼和升华，表达你的观点。

同样，一部好的电影也可以成为你的短视频故事的主角抑或素材。导演已经将内容进行了加工呈现，你只需要将电影里的故事变成自己的故事，适当改变一下讲述方式，抓住你最想表达的核心观点，就能非常轻松地在短视频中讲好一个故事。

你可以想一想自己喜欢看什么电影，如《我是你的眼》《星球大战》《肖申克的救赎》《教父》等。你为什么会喜欢这些电影？你喜欢这些电影中的那些片段？从这些问题中，你会发现最好的短视频素材。

3.4 没有矛盾冲突，故事永远成不了好故事

世界上最短的一篇小说，全文仅有17个字："当地球上只剩下一个人时，他听到敲门声……"这篇小说最大的特点其实不在于短，而在于其只用17个字便构建了强烈的矛盾——地球上只剩下了一个人，那么谁在外面敲门呢？地球上还有另外一个人？还是敲门声是假的？种种矛盾冲突制造出强烈的悬念色彩，被蕴含在了这17个字里面。小说如此，故事也同样如此，想要让故事吸引人，你就必须善于制造矛盾。简而言之，一个好的故事必然包含强烈的冲突。

3.4.1 矛盾是构成故事情境的基础

矛盾对于一个故事而言，犹如人的灵魂，没有矛盾的故事根本不能称为故事，而是白开水似的流水账。很多拍摄短视频故事的人并没有意识到这一点，习惯跟着所谓的感觉走，感觉怎么好就怎么写、怎么拍。这就很容易导致一系列问题，如描述太多，叙述过少，人物角色变现太少，等等。矛盾的缺位，最终导致故事情境的寡淡，从而让短视频观众味同嚼蜡，最后弃之而去。

矛盾在短视频故事中的表现形式是多种多样的，它可能表现为某一人物

和其他人物之间的冲突，也可能表现为人物自身的内心冲突，这两种矛盾冲突有时是单独展开，但更多的时候则会交错在一起，相互作用。

制造矛盾冲突的主要目的有两点：

一是为设定好的情境服务。让故事情节在矛盾冲突中变得更加紧凑，更加扣人心弦，从而营造出更吸引人的情境。

二是让人物形象更加丰满。短视频故事有了矛盾，各个人物角色在冲突中的表现才会更直观地展示出他们的性格特点，从而让他们的形象变得更丰满，更吸引人。

抖音用户“搞笑刺客浪哥”就非常懂得在短视频故事中制造矛盾——在强烈的矛盾中突显人物性格特点，制造笑点。比如，其发布的一个《老婆一个眼神就懂》的短视频，就讲述了一个矛盾冲突激烈的故事：丈夫接到朋友聚会电话，向妻子请示，妻子回复的是一个犀利的眼神，丈夫笑呵呵的表情瞬间凝固，然后迅速闪人（见图3-7）。

图 3-7 “搞笑刺客浪哥”短视频截图

这条只有十秒钟的短视频，蕴含了三大冲突。

冲突一：丈夫和妻子的家庭主导权冲突。一个家庭里，到底是丈夫听妻子的，还是妻子听丈夫的？这一矛盾在很多家庭中都存在。

冲突二：爱情和友情之间的冲突。当爱情和友情出现冲突时，是拥抱爱情还是照顾友情？抑或二者兼得，找到一个平衡的方法？

冲突三：男人和女人之间的冲突。男人和女人在性格上是不是天生相克？为什么男人喜欢的事情女人大多不喜欢，女人喜欢的事情大多男人也会厌烦?

正是有了这三个矛盾，“搞笑刺客浪哥”的短视频故事才营造出了丰满的人物个性和强烈的笑点，继而在发布1个小时内便获得了76.5万人点赞。

3.4.2 故事的矛盾冲突设置

既然矛盾冲突之于故事有着如此大的作用，那么短视频的故事要如何设置矛盾冲突呢？一般而言，可以从三个方面设置故事的矛盾冲突。

（1）渴望+障碍。

你可以站在用户的角度，让故事情节跌宕起伏，让原本充满希望的主角经历挫折、遭遇障碍。简而言之，就是为故事人物制造障碍，或者直接让故事人物做不成想做的事情，让他们经历坎坷。任何故事都能制造出坎坷，也就是矛盾冲突。当你制造出一个矛盾时，需要注意的是，要在前面补上这个矛盾出现的伏笔，只有这样，用户看了之后才会觉得合情合理。

①设置出人物渴望的东西。在短视频开头，你要快速地展示出人物的渴望，如想要创业，想要减肥，想要获得更高的职位，等等。

②设置障碍。人物有了渴望，需要行动起来才有可能实现，但是在实现的过程中不可能一帆风顺，他们会遇到挫折和失败。

③人物为克服障碍所做出的种种行为。在遇到挫折之后，他们是如何奋起的？他们有什么值得称赞的行为？通过他们在遭遇挫折之后的坚强和坚持，打动用户。

抖音用户“yoyo”发布的一个讲述孩子故事的短视频，两个小时内就收获了233.2万个赞。这条短视频之所以能够大火，和其矛盾冲突设置巧妙且强烈有很大关系——在视频的开头，小女孩高兴地向大海许愿，告诉大海“我不想上幼儿园”，但是妈妈随后便告诉她“大海会告诉老师的”，小女孩便立即补救，跳着对大海说：“大海，我刚和你闹着玩的！”（见图3–8）。

这条短视频故事中的矛盾很明显：小女孩不想上幼儿园了，在她看来，

图 3-8 “yoyo”发布的短视频截图

在家可以玩，可以看电视，自由自在，而在幼儿园则有老师管束。随后妈妈便为她的这一渴望设置了一个障碍：大海会告诉老师的。于是小女孩便改变了策略，立即改口，告诉大海刚才的话是和它闹着玩的。强烈的矛盾冲突让用户们看到了小女孩的可爱、聪明，也从中收获了纯真的快乐。

（2）通过人物性格制造矛盾。

在设计故事矛盾冲突时，人物性格是不能忽视的一个借力点。利用故事人物性格上的变化以及冲突，可以制造出强烈而又鲜明的矛盾，以此推动故事情节的发展，使故事更加吸引人。

①制造人物自身性格矛盾。现实生活中，人们说话办事难免会出现前后矛盾的现象。故事中，你可以通过人物性格上的一些矛盾点，以小见大，形成冲突。比如，一个非常乐观的女孩子，在创业过程中遇到了挫折，在继续前进还是放弃后退之间苦苦挣扎，这种个性上的矛盾冲突对大家的冲击力往往很强烈。

②用心设计人物之间的矛盾。在生活中，人和人之间经常会因为一些小事产生矛盾冲突，在矛盾解决的过程中，人物的性格会表现得淋漓尽致。所以，你可以利用故事人物间的矛盾制造故事冲突点，在矛盾中人物鲜活地登场，其言行神貌才会生动形象地展现在大家面前。与此同时，次要人物又对主要人物起到了烘托作用。

③善用人物性格烘托社会矛盾。无数人组成了社会，社会的发展、变革、动荡等会影响到每个人。反过来看，作为社会一分子的个人，在性格上

的特点和转变，也会或多或少地展示出社会矛盾。你可以立足于故事人物的性格转变，以小见大，将大家带入到某个社会矛盾中。

（3）通过善与恶、正与邪的对立设置矛盾冲突。

善和恶、正与邪，是冒险的矛盾，也是故事中最易引发大家共鸣的冲突点。你可以在短视频故事中适当夸大这些对立，在人和人、人与社会之间发掘善恶，剖析正邪，放大矛盾，从而制造更鲜明的对立与冲突。

3.5 高潮的推进要发挥到极致

一个好的故事，必定会高潮迭起，引人入胜。所谓“高潮”，是故事矛盾冲突发展的顶点、高峰，也是决定故事人物命运抑或事件发展方向的关键时刻。更重要的是，主要的冲突或困难、主要人物的性格以及主题思想等，都会在高潮的推进中得到最充分、最集中的展现。因此，短视频故事必须要将高潮推进到极致。

3.5.1 最后的危机必须做到极致

在短视频故事中，主人公遭遇到了挫折或危机，这种挫折和危机必须要做到极致，短视频故事才能紧紧地扣住用户的心弦，继而产生强烈的代入感。简而言之，危机要极致化，才会为高潮的到来做好铺垫。

（1）放大危机的严重性。在短视频故事中，人物遭遇到的危机要足够大，要将主人公逼到悬崖边，这样的危机才能为用户营造出高潮到来的氛围。比如，创业中的主人公突遇变故，导致资金链断裂，面临破产，等等。

（2）突出人物面对危机时的性格表现。面对危机，主人公是如何反应的？是一蹶不振还是勇敢拼搏？这种极致化危机中的人物性格表现展示得越清晰，就越能营造出强烈的情感冲击力和代入感，从而牢牢地吸引用户的眼球。

3.5.2 形成拐点

所谓拐点，就是危机出现之后的转折点，是由意想不到的解决因素形成的转机。拐点的设置可以让故事中的危机非常自然地转变为情节上的高潮，将用户带入到故事人物为了消除危机而采取的种种尝试中。

（1）拐点设置要有新意。能够被用户猜到的拐点形成不了高潮，只有用户意想不到的解决因素形成的拐点，才能最大限度地推动故事情节上的高潮。

（2）拐点设置要自然，要符合主人公的年龄、性格以及生长环境。不能为了设置拐点而设置，而是要在主人公年龄、性格以及生长环境的基础上，结合其所面临的危机，合理地设置拐点。如此，短视频故事的高潮才会更加自然，更具吸引力。

图3-9 “甜心妈咪”发布的短视频截图

抖音用户“甜心妈咪”发布的一条短视频在一小时内收获了89.2万个赞，吸引了8734人参与评论。在这条短视频中，“甜心妈咪”讲述了女儿“人生第一次踏进校园生活”的故事（见图3-9）。

这条短视频故事之所以大火，和“甜心妈咪”巧妙设置拐点有很大关系。

危机：女儿人生第一次离开妈妈，踏进校园，需要面对各种不适应和挑战。

拐点：妈妈原本设定的“会哭”的场面并没有出现，而是“高兴得走出了六亲不认的步伐，还安慰我说‘妈妈你要听话，我会早点回来的’。”

拐点出乎用户们的意料，但是结合儿童的年龄、性格和生长环境，却在情理之中。正是这一拐点，将这条仅仅几秒钟的短视频推向了高潮。

3.5.3 依靠主人公自身完成整个动作

故事的主人公必须凭借自身能力完成整个动作，不管是战胜危机还是在危机中失败。短视频故事的高潮推动要以主人公的行为为载体，切忌撇开主人公推动高潮，如面对危机时，突然出现了一位贵人，三下五除二，就把危机摆平了。

（1）主人公在危机到来时是如何行动的？是直面危机勇敢拼搏，还是在危机面前退缩不前？是寻求帮助，还是忍辱负重于挣扎中寻求希望？只有通过对主要人物在危机中的言行举止的描述，才能将故事高潮淋漓尽致地展现在大家眼前。

（2）外力只能起到协助作用，不能喧宾夺主。有时候故事中的主要人物凭借自身力量可能解决不了危机，这时候就需要借助外力。但是需要注意的是，外部力量的引入仅仅起到“绿叶”的作用，它只能是帮助主要故事人物解决危机的辅助力量，而不能越俎代庖，成为主角。

3.6 情感共鸣永远是好故事的灵魂

一个好的短视频故事，是能够让人哭泣或者令人大笑的事件的集合；好的短视频故事，能够引发人们在情感上的强烈共鸣！简而言之，好的短视频故事，其本质上并非呈现事件，而是向大家传递事件背后的情感内涵。因此，能够引发用户情感共鸣的短视频故事才能得到大家的关注和认可，火起来的概率才会大增。

那么，短视频故事怎样才能引发用户们的情感共鸣呢？

3.6.1 抓住共鸣时刻

在生活和工作中，每个人都会遇到难以忘怀的瞬间，如恋爱了、考了第一名、第一次领到薪水、大街上偶遇名人……那一刻的细节是怎样的？和谁在一起？说了些什么？这些共鸣时刻是大家都曾经拥有过的，如果你的短视频故事能够完美地再现生活，便能快速地将用户带入其中，使他们想起自己的“那一刻”，这样自然便会在情感上引发大家强烈的认同感，产生共鸣。

抖音用户“幺妹儿”，拥有349.8万名粉丝，作品所获总点赞数达2060.9万个，短视频最高播放量达到了3000万次。她的每一条短视频故事的讲述人都是自己，统一使用中近景的自拍角度，构图在胸口以上，戴着耳机，时而微笑，时而皱眉眺望远处，用表情和语言同用户交流。其视频背景音乐是自己创作的同期原声配上应景的音乐。

“幺妹儿”之所以能够火起来，除了其漂亮的外貌和独特的气质外，和其短视频故事善于抓住共鸣时刻也有很大关系。“幺妹儿”点赞数和播放量最高的作品让抖音上3000万用户产生了情感共鸣。“幺妹儿”发布的其中一条短视频，为大家讲述了一个爱情故事，并刻意突出了分手之后的思念之情，她在短视频中说道：“你要知道，一个深深喜欢的人，是没有办法做朋友的。就算分手的时候，说再残酷、再冷的话，心里一直惦记着你！是啊……再多看几眼，还是想拥有。你最近，过得好吗？”

这条短视频抓住了分手时刻的内心告白，引发了强烈共鸣，获得了107.7万个赞，吸引用户留下了3.4万条评论，获得了6.1万次转发（见图3-10）。在评论区，绝大部分用户是有相似情感经历的年轻人，他们围绕“分手没办法做朋友”这一话题展开讨论，在产生强烈情感共鸣的同时，也得到了莫大的心理安慰（见图3-11）。

图 3-10 “幺妹儿”发布的爆款短视频截图

图 3-11 用户积极参与故事话题讨论

3.6.2 讲述身边的真实故事

越真实，越能体现情感，越能引发用户的共鸣。所以，你的短视频故事要想激起大家情感池子的涟漪，可以从身边真实的人和事入手，讲述他们的辛酸苦辣乐。只要表达到位，人物刻画生动，那么必然能引起用户的共鸣。

（1）人和事要真实。短视频所讲述的故事必须是真实的人和事，而不是创作表演出来的。因为表演出来的事情会给人一种不真实的感觉，人们是不会为了虚构的故事浪费感情和眼泪的。

（2）要有感动人的细节。真实的人和事件假如缺少感人的细节，也不会让用户产生强烈的情感冲击。所以，短视频所讲述的故事需要在真实的基础上设置感人的细节，以小见情，引发大家的强烈共鸣。

抖音用户“花漾”发布的一条短视频，讲述了身边的一个真实故事：“在峨眉山看到的，一毛钱一斤的沙，一背篼100斤，累了就用根木棍支撑一下，生活不易，且行且珍惜。”这条短视频发布后，一小时内便获得了56.6万个赞，吸引了1.4万人评论。这条短视频之所以能火，就是因为其所讲述的故事真实而感人，让很多用户从中看到了一位父亲的伟大，一个丈夫的坚持，一个儿子的责任，继而产生了强烈的情感共鸣（见图3-12）。

图 3-12　“花漾”发布的短视频截图

3.6.3 讲述的故事观点要具体而明确

很多人在短视频中讲故事，喜欢用“我想”“有可能”“我意识到”之类的模糊无感的措辞，觉得这样才有文采。其实不然，模糊会让人对故事产生不信任感，显而易见的细节和物理描述才更容易让用户产生代入感，从而引发大家情感上的共鸣。

（1）明确地说出你对某件事、某个人的看法。在短视频故事中，你要明确、鲜明地表达出自身对某件事、某个人的看法，这样才能让大家清楚地了解你的观点。只有让用户在第一时间了解了你的看法，才有可能吸引和你持有相同或相似价值观的用户产生情感上的共鸣。

（2）表现出鲜明的爱憎。仅有鲜明的观点是不够的，想要最大限度地引发用户的情感共鸣，你的短视频故事还要展现出鲜明的爱憎——喜欢一个人就大声说出来，厌恶一种行为也要大声吼出来。因为越是鲜明的爱憎，越能吸引持有相同情感倾向的用户产生共鸣。

3.7 适当增加悬念，让用户迫不及待地看下去

所谓“悬念”，是观众、读者对故事中人物命运的遭遇抑或未知情节的发展变化，所抱有的一种急切期待的心情。因此，短视频故事有悬念，其之于用户才更具吸引力，才能让用户有迫不及待地看下去的意愿。

那么，如何在短视频故事中设置悬念呢？

3.7.1 以疑问制造悬念

在叙述故事的过程中，你可以故意设置一些疑问，以此引导读者进行更深层次的思考，从而形成悬念。

（1）通过主要人物提出疑问。你可以通过故事主角之口提出疑问，制造悬念。比如，故事主角工作上犯了错误，但是上司却安排他担任一个新项目的负责人，这个时候主角就会想：“不批评处罚我，反而安排我担任要职，不知道领导是什么意思？”主角的疑问很有道理，使得故事情节在发展上形成了悬念：上司的葫芦里到底卖什么药？

（2）通过旁叙提出。短视频作者可以在故事开始后以旁叙方式提出疑问，设置悬念。这样一来，便会在第一时间将用户带入该悬念中，吸引他们跟着故事的情节寻找答案。

抖音用户“孙艺洲”发布的一条短视频，为大家讲述了一个小故事，在开始时就先提出了疑问：“老司机来了，上车？”一个疑问句，便在用户内心中设置了一个悬念：老司机是谁？有了这种疑问，用户自然被激发出好奇心，点击观看视频——这条视频在发布后获得了190.1万个赞，吸引了3.6万人在评论区互动。

3.7.2 用倒叙制造悬念

短视频故事的悬念设置还可以采用倒叙法，即将故事的结局先展现在用户眼前，在用户心中留下鲜明深刻的印象，让用户带着疑问继续看下去。

（1）要在短视频开始的时候就将结尾呈现在用户眼前。你需要将故事的结局提炼出来，将它提前到短视频的开头。因为缺少之前的叙述和铺垫，所以用户点开视频后先看到的故事结局，就会很自然地在心中画出问号。

（2）结尾必须要有吸引力。你的故事结尾必须有能够让用户心动的情节，如极致的爱，抑或极致的恨，这样才能造成悬念。用户会想，主人公为什么会有这种强烈的爱憎之情？他（她）究竟是怎样一个人？他（她）究竟是如何一步步走到现在的？这些悬念会吸引用户迫不及待地了解故事的原委。

抖音用户“完美不弃坑”发布的一个短视频故事就采用了倒叙的方式设置悬念，在短视频故事一开始，他便说道：“模型差点就被媳妇寄走，还好我机智。”这时用户便会情不自禁地被这个结局所吸引，想要探究出现这一结局的原委：为什么主角这么担心他的模型？背后隐藏着什么秘密？将整个短视频看完后，大家才明白，原来模型是主角藏私房钱的地方。因为这个短视频故事的悬念设置巧妙，所以发布3个小时后便收获了86.6万个赞（见图3-13）。

图3-13 “完美不弃坑”发布的人气短视频截图

3.7.3 用误会设置悬念

你可以通过故事人物之间的猜疑或者误解来激化矛盾，形成强烈的悬念。比如，中午你趴在办公桌上午休，醒来时却发现桌子上有一朵鲜艳的玫瑰花，你第一时间找到了一个人，向他道谢，但是对方却说花儿不是他送的。这个美丽的误会便为大家设置了一个悬念：玫瑰花到底是谁送的呢？这个人和主人公之间有着什么故事呢？

（1）故事人物被别人误会。你可以将短视频故事的主要人物置于别人的误会之中，如被上司误会没有尽力完成任务，被爱人误会藏了私房钱，被路人误会捡到了他丢失的钱包，等等。这会让用户在内心中产生这样的悬念：他（她）到底是一个什么样的人？这样故事才会有波澜，情节才会更曲折。

（2）故事主要人物误会别人。你可以让故事主人公对别人产生误会，如误会同事没有尽全力帮助你，误会父母偏心，将助人为乐的路人误认为骗子，等等。结合人物的性格设置误会情节，会让用户很自然地产生悬念：他（她）为什么会误会别人，这里面有什么样的故事呢？

抖音用户“estate酒窝07”所发布的一个短视频故事就因为巧妙地设置了一个误会而让故事在情节上有了悬念。一位穿着小熊外套在商场发传单的女孩，休息时看到一位女士丢了钥匙，立即追上去对她说：“喂，美女，你钥匙掉了！”因为她普通话不是太标准，那位女士错听成了“喂，美女，你要死掉了！”所以转身推了她一把。这个误会的出现，在用户心中留下了悬念：面对别人的误会，她接下来会怎么办呢？会继续解释还是赌气不管，甚至将钥匙丢进垃圾桶？在这种悬念的推动下，用户自然会迫不及待地看下去，当看到女孩捡起地上的钥匙追上去的身影时，大家都被这个善良的女孩感动了。因此，这个短视频故事在发布一个小时后，便收获了15.2万个赞（见图3-14）。

图 3-14　“estate酒窝07”发布的短视频截图

3.7.4 以巧合设置悬念

俗话说：“无巧不成书。”生活和工作中会遇到诸多巧合，使得你的生活和工作充满了情趣、愉悦抑或烦恼。短视频故事可以利用巧合设置悬念，掀起波澜。

（1）将原本不相关的人或事贯穿起来。例如，原本相互陌生的男女青年在第一次偶遇后，便有了第二次、第三次偶遇，这种高频率巧合便会让用户情不自禁地生出这样的悬念：这是上天注定的缘分？他们之间会不会因此产生什么交集？

（2）奇遇。巧合除了邂逅同学、同事之外，还可以是奇遇。所谓“奇遇”，就是现实生活中比较少见的巧合，非常稀奇，如：一般人最多捡到几百元，你却捡到了10万元；别人大都看不到野生大熊猫，你爬山的时候却看到了一只……你可以在故事中设置一些奇遇，以此来放大悬念，提升故事情节的吸引力。

抖音用户“书书”将自己的一次奇遇拍成了短视频故事。在短视频故事的开头，他便说出了自己当时的心情：“惊呆”，认为自己眼花了。这就让大家的内心中形成了这样的悬念：让他惊呆的到底是什么人和事呢？带着这种悬念继续看下去，随着镜头的逐渐上移——当镜头照出对面两位大叔的脸时，大家也惊呆了——他们俩竟然长得一模一样，而且穿衣的风格也极为相似。因为奇遇营造出来的悬念很强烈，所以这条短视频在很短的时间内便收获了8.6万个赞，吸引用户留下了3696条评论（见图3-15）。

图 3-15 “书书”发布的短视频截图

第4章

学拍摄：小视频也能拍出大片感

想要拍出用户喜爱的短视频，除了做好内容外，还需要掌握足够的拍摄技巧，如怎样构图、如何选择视角、怎么利用光线等。如此，你才能将原本短小的视频拍出大片般的感觉，从而给用户带来足够强烈的视觉冲击。

4.1 构图：视频画面美不美，就看比例好不好

运营者在拍摄短视频的过程中，或多或少都会遇到这样的问题：非专业出身，拍视频总是凭感觉；画面不对劲，却又找不出具体的原因是什么。其实，之所以会出现这样的问题，是因为在拍摄时构图出现了问题。

摄影大师Arnold Newman说过一段话："我不想要随便的背景，周围的场景必须要加入构图并且能够帮助观者了解照片主角。不管被摄者是谁，这都必须要是一张有趣的照片，单纯的人像照没有意义。"

构图在拍摄时非常重要，它是将现实生活中三维立体的世界，通过相机镜头再现在二维平面的照片上，通过对画框内景物的取舍与光线的运用，对画面起到突出主体、聚焦视线、美化的作用。因此，掌握构图的方法，可以使短视频的画面更加好看。构图的方法有很多，下面重点介绍最常见的五种构图方式。

4.1.1 对称构图法

对称式构图的特点是平衡、稳定、相呼应，但缺点是过于呆板、缺少变化，适合表现对称的物体、建筑或具有特殊风格的物体，能够给人一种稳定、安逸、平衡的感觉。但在短视频中，这种构图方式的缺点会被无限放大，除非特定题材，如纪录片、需要双手操作的手指舞（见图4-1）等，这些不是很需要快节奏呈现的内容。

操作方法：

第一，按照一定的对称轴或对称中心，使画面中的景物形成轴对称或者中心对称。

第二，在注意对称的同时，还要留意一些基本原则，如人物元素在保持

图 4-1　快手视频上的“手指舞”短视频截图

对称的同时，稍稍较中心位置向下，如此才能体现画面中对称双方的关系。

4.1.2 三分构图法

三分构图法是最常用的一种构图方式，是根据黄金分割产生的简易分割，用这个分割方法，画面很容易达到平衡。实际上，三分法的分割是把一个区域作为中心，用边和目标重合。可分为水平线三分法、垂直三分法、九宫格三分法。目前绝大多数相机甚至是手机都设置了九宫格辅助构图线，适合拍摄各种题材，特别是风景和人物。

操作方法如下。

九宫格三分法：目标如果无法填充全部1/3画面时，可用横竖三个部分，分为九个格子，从而使画面产生灵动活泼之感。

垂直三分法：目标垂直于画面左右1/3处，会使画面变得更加动感，让画面呈现显得更加充实。

水平线三分法：将水平线安置于图中的不同位置能够收到不同的视觉效果，水平线三分法通过上下移动水平线来突出画面中大地或者天空的主体地位。在需要创意时可以让水平线处于中间地带。

4.1.3 引导线构图法

引导线构图法，是指利用线条引导观者的目光，使之汇聚到画面的主要表达对象上，适合用来表现大场景、远景。引导线并不是一定要具体的线，只要是有方向性的、连续的东西，都可以称为引导线。在现实生活中，道

图 4-2 引导线构图法

路、河流、整齐排列的树木、颜色、阴影，甚至是人的目光都可以当作引导线使用（见图4-2）。

操作方法：

第一，找汇聚线。汇聚线是引导线中最典型、最常见和最好效果的一种。只要找到平直延伸的道路、隧道或者其他的长条形物体，进行平位远拍，其相机自带的透视效果就能产生汇聚线。

第二，强化吸睛效果。引导线的最大意义就是吸引注意力，因此要尽量加大这种效果，可采取两种方式。一是采用广角镜头的方式。广角镜可以放大前后景的距离感，位于下边缘的汇聚线起点就能分得更开，使汇聚线显得更加有气势。二是在汇聚线两旁安排大量的重复景物，这可产生强大的视觉冲击力，从而达到更加吸睛的目的。

4.1.4 框架式构图

框架式构图，是指将画面利用框架框起来的构图方法，引导观者注意框内景象，这种构图方法在短视频中会产生一种窥视的感觉，让画面充满神秘感，以此增加画面的吸引力。在拍摄时要留心观察周边环境，可以找到许多能用来搭建框架的元素，如经典的门窗、栏杆、树丛、墙上的洞，或者雨雪、雾气，甚至是非实体的光影，都可以承担框架的作用。

操作方法：

第一，遮挡“无趣”天空。例如，旅游内容的短视频拍摄运营者，在旅游途中遇到万里无云的大晴天，那么就可以找一片树丛，将其作为前景框架，透过它来拍摄，遮挡住单调乏味的纯色天空，如此一来，就可以产生较好的视觉效果。

第二，增加画面层次。如果视频画面缺乏层次，没有空间纵深感和立体感，就可以使用框架式构图，为画面增加层次。

第三，排除干扰物。当画面中出现很多干扰物时，就可以利用框架选择性地将一些干扰物遮挡起来，突出主体。

4.1.5 中心构图法

中心构图法，是指将主体放置在画面中心进行构图。其优点是主体突出、明确，而且画面容易达到左右平衡的效果。当画面中只有单一的主体而并无其他陪衬景物时，画面中心位置无疑是最佳选择。其缺点是画面容易变得零乱，因此主体选择需慎重，操作不当会令照片效果变差（见图4-3）。

图 4-3　中心构图法

操作方法：

第一，主体要选择相对饱满的，所占的比例要大一些，单独条状体不适合使用此方法。

第二，背景不能杂乱无章，只有合适的背景才能更好地烘托主体。

第三，善用浅、景、深的拍摄方式。如果没有找到简洁的背景，可利用浅、景、深的拍摄方式，如放大光圈、拉长焦距等，这样就能让主体从背景中跳出来，从而加强对主体的表达。

4.2 视角：不同角度，不同视觉效果

在使用摄像机拍摄短视频时，镜头角度是关系到视觉效果的关键因素之一。对同一拍摄对象而言，不同方向、不同角度的造型，能够产生不同的视觉形象和画面结构，从而给用户带来截然不同的视觉感受。摄像角度运用得好，不仅仅能够让你在视频的叙事结构中更好地再现人物的动作、塑造人物的形象，还能更好地表现画面的构图。简而言之，不同的视角，能够构建出不同的视觉效果。

4.2.1 摄像高度

摄像机和被拍摄对象之间在高度上的差异能够营造出不同的视觉效果，你可以根据预想的视觉效果灵活调整摄像机的高度，以使最终拍摄出来的短视频对目标用户更有视觉吸引力。

（1）平摄。

平摄，是指摄像机和被拍摄对象处于同一水平线。这种拍摄视角和人们日常生活中观察事物的视角一致，所拍摄的对象在形象上更加饱满，不容易变形。需要注意的是，平摄视角运用得过多，可能会让拍摄画面显得比较呆板（见图4–4）。

图 4–4　平摄视角拍摄的短视频截图

①正面。镜头光轴与被拍摄对象

“面对面”。

②侧面。从与被拍摄对象视平线呈直角的方向进行拍摄。

③斜面。介于正面和侧面之间的拍摄视角。

（2）仰摄。

仰摄，即所谓的“仰拍”，是指在拍摄短视频的时候，摄像机从低处向上拍摄。在拍摄短视频时，仰摄视角适合拍摄高处的人或景物，能够让被拍摄的人或景看起来更加高大雄伟，突显其高度和气势。

因为透视的关系，仰摄会使得画面中水平线降低，前景和后景中的人或物在高度上的对比随之发生变化，从而使得处于前景的人或物被突出和夸大，最终制造出强烈的视觉冲击效果（见图 4-5）。

图 4-5　仰视视角拍摄的短视频截图

①30度仰拍。虽然30度的仰角并不是特别大，但是相对于平视而言，因为透视的关系，拍摄出来的人或物体还是比平视拍出来的显得高大。

②45度仰拍。45度仰拍使人或事物相比30度仰角显得更加高大、雄伟。

③60度仰拍。60度仰拍的人或物看起来更为高大、庄严的同时，还避免了底面背景中的杂乱因素，将背景延伸到了天空，从而给用户呈现出一个整洁的画面。

④90度仰拍。这种仰拍要站到被拍摄对象垂直的中心点下方拍摄，不然的话，画面就会显得歪歪扭扭。

（3）俯摄。

俯摄，即所谓的“俯拍”，是指拍摄短视频时，摄像机从高处向下拍摄。俯拍的视角能够让短视频的视野看起来更加开阔，经常用来表现浩大的场景，展示人物的方位和阵势。俯拍出来的画面往往会给用户一种居高临下的深远辽阔的感觉（见图4-6）。

图 4-6 俯拍视角拍摄的短视频截图

①占据制高点。正所谓“站得高看得远”，想要拍摄出更为广阔的风景，你就必须占领制高点。比如，想要拍摄城市风光，就需要登上高楼大厦向下俯拍；想要拍摄田野风光，就需要爬上山坡向下拍摄。

②依靠相机支架俯拍。当你身处比较平阔的环境找不到制高点的时候，可以利用三脚架或者独脚架放置摄像机进行俯拍。这个时候，哪怕上升的高度有限，也能拍摄出视角独特的画面效果。

③弯腰俯身拍摄。假如短视频的题材比较特殊，场面不够广阔，可以俯身拍摄，也能创造出比较大的俯角，拍摄出比较独特的视觉效果。

④使用广角镜头。众所周知，摄像机的镜头视角越宽，其所能涵盖的场景就越大。因此，当你的摄像机选择广角镜头并且从较高的视点拍摄时，就能将被拍摄的对象以及壮丽的背景风光都囊括到短视频中。

⑤利用飞行工具在高空进行俯拍。你可以利用无人机、热气球、飞艇、小型飞机等进行高空俯拍，这样可以将更广阔的空间收纳进镜头，向用户展示更为壮丽的画面。但需要注意的是，高空俯拍下的人物会显得极为矮小压抑，所以在表现人和人之间细致的情感交流时，不适宜使用这种拍摄角度。

4.2.2 摄像方向

除了摄像高度会影响到视频的视觉效果外，摄像方向也会在很大程度上影响到视频的视觉效果。因此，你需要根据期望达到的视觉效果来选择最适合的摄像方向。

（1）正向拍摄。

所谓“正向拍摄”，是指摄像机和被拍摄对象正面呈垂直的拍摄位置，可以突显被拍摄对象的特点、特色，使其更容易在用户心中留下深刻的印象。

熟练运用正向拍摄，你的短视频才能更好地展现被拍摄对象的正面特征，如女性的高颜值、男性面孔的坚毅、建筑的高大庄严，等等（见图4–7）。

①面对面拍摄。摄像机与被拍摄的人或物面对面，捕捉其具体的特征。

②站在被拍摄对象的对称线上拍摄。当被拍摄对象的体积比较大时，你可以站在其对称线上进行拍摄，这样更容易拍出对方的正面特色，构建良好的视觉效果。

图 4–7 正向拍摄短视频截图

（2）侧向拍摄。

侧向拍摄可以具体划分为正侧方向拍摄和斜侧方向拍摄两种。

正侧方向拍摄，是指在摄像机镜头和被拍摄对象正面方向呈90度角的位置上进行拍摄。正侧方向拍摄能够看清被拍摄对象的外部轮廓特征，使其在视觉上更富有变化，更具线条美、朦胧美。

抖音用户“西西 – 东南西北的 – 南”发布的一条人气短视频就采用了正侧方向拍摄——从正侧面拍摄自身的一次高难度起跳。正侧方向拍摄将起跳过程中的完美线条展现在了用户眼前，引发了用户一片惊叹，收获了103.8万人点赞，吸引了3万人在评论区互动（见图4-8）。

斜侧方向拍摄，是指摄像机偏离正面角度，或左或右环绕被拍摄对象移动到正侧方向之间的拍摄位置。斜侧方向既能够表现被拍摄对象正面或侧面的形象特征，又能让被拍摄对象看起来更富有变化，能够更鲜明地展现被拍摄对象的立体形态（见图4-9）。

图 4-8　正侧方向拍摄的短视频截图

图 4-9　斜侧方向拍摄的短视频截图

（3）背面方向拍摄。

所谓“背面方向拍摄”，是指从拍摄对象的背后即正后方角度进行拍摄。在进行背面方向拍摄时，用户不能直接看到视频中所拍人物的面部表情，只能凭借想象进行猜测。因此采用这种视角拍摄出来的短视频，往往能够激发用户的好奇心，快速提升人气。

抖音用户“改名叫颜酱”发布的一条短视频便采用了背面方向拍摄的视角——短视频中四位高挑美女在小雨中的背影，留给了用户无限的想象空间，极大地激发了用户的好奇心和探索欲。因此这一短视频发布后1个小时内便收获了16.1万个赞，吸引了1.1万人在评论区互动（见图4-10）。

图 4-10 采用背面方向拍摄的短视频截图

4.3 光线：布光决定一个视频画面的层次

光线布置之于短视频而言异常重要，从某种程度而言，懂得了光影的布设运用，短视频就成功了一半。简言之，布光决定了一个短视频画面的层次，光线运用得巧妙，短视频就会给用户带来更高品质的视觉享受。

4.3.1 主光

在拍摄短视频时，主光源是场景中最基本的光源，其他的灯光在场景中都只能起到辅助作用。主光运用得当，拍摄出来的短视频才会更具视觉冲击力。

（1）自然光。自然光是最好的主光源，它时而明亮强烈，时而暗淡柔和；色调有时温暖，有时冷峻幽暗；有时笔直照射，能够制造出长长的影子；有时漫射，使得阴影无处躲藏。你可以利用自然光构建良好的光影拍摄场景，为用户创建出极具视觉冲击的视觉效果。

（2）柔光灯箱。通常，拍摄现场所使用的主光都是由柔光灯箱发出的，因为这种光线相对而言较为均匀，控制起来比较方便，因此经常被用来照亮被拍摄对象的轮廓。

（3）摄像机和主光源间的距离要适中。在拍摄短视频时，摄像机要尽可能地避免靠近主光源，否则会使拍摄出来的人或物看起来平淡无奇，缺少特色和想象空间。

抖音用户“木子赫”所拍摄的一条人气短视频，发布之后获得了160.3万人点赞，吸引了3.4万人在评论区留言。这条短视频之所以能够火起来，除了其巧妙的现实版的植物大战僵尸的创意外，还和其巧妙的主光设置营造出的光影场景有很大关系——“木子赫”利用柔和的灯光在远处布设了一条光带，整个场景呈现出远亮近暗的特点。这种巧妙布设的主光所营造出来的场景和“僵尸”完美地结合在了一起，最终构建出了强烈的视觉冲击力和爆笑因子（见图4-11）。

图 4-11　“木子赫”拍摄的短视频截图

4.3.2 辅助光

所谓辅助光，是相对于主光而言的，是指起到辅助作用的光线。辅助光的创建相对而言比较容易，如手机屏幕就可以作为辅助光源。辅助光在短视频拍摄中的作用是对主光源造成的阴影进行补充照明，从而使得视频中人或物的阴影变得浅淡，看起来更舒服，更具艺术感。

（1）辅助光源一般都放置在同主光源相反的一面，在亮度上要比主光源弱。

（2）为了方便，辅助光源可以固定在天花板或者墙壁上，之后通过调整输出功率的方法来控制阴影的深浅。

（3）获得辅助光和主光的最佳光比。你需要反复调节辅助光和主光之间的光比，构建起最适合短视频拍摄的光影场景，营造出最佳的视觉效果。

4.3.3 背光

背光是指光线从被拍摄对象的侧面或者后面照射，熟练运用背光，可以有效地塑造短视频中人或物的立体感，让被拍摄对象显得更加突出。

在大多数情况下，被拍摄对象都会和背景拉开一定的距离，这就使得背景比被拍摄对象距离光源更远。因此，背景的亮度相对于被拍摄对象而言往往会更暗淡。假如在这种情况下直接进行拍摄，那么最终拍摄出来的视频中，被拍摄对象看起来就如同融入黑暗的背景之中，没有任何的立体感。但如果能设置好背光，那么视频中人或物的轮廓就能够完美地呈现在用户眼前，给人以较强的立体感。

（1）巧妙利用太阳光作为背光。在拍摄过程中，直射的太阳光经常会强硬地照亮被拍摄对象，你可以将之作为背光，让被拍摄对象更具轮廓感和线条美。

（2）从侧面或者背面照射被拍摄对象。假如没有太阳光可以利用，那么你可以使用灯光，从被拍摄对象的侧面或者背面进行照射，构建出背光。

4.3.4 侧光

所谓“侧光”，是指来自被拍摄对象平行两侧的光。利用侧光拍摄，可以让被拍摄对象在视觉上产生明显的明暗对比——被拍摄对象的受光面会表现得十分清晰，背光面则会产生明显的阴影效果。因此，侧光非常适合营造戏剧般的心情和明暗对比的灯光效果（见图4-12）。

（1）侧光经常被用于拍摄层次分明、立体感强烈的物体。

（2）摄像机拍摄方向和光线投射方向呈90度角。这个角度能够更好地展现被拍摄对象在光线下的明暗对比，营造出极富立体感的视觉效果。

图 4–12 侧光拍摄的视频截图

4.3.5 反光板

反光板是拍摄时照明用的一种辅助工具，用锡箔纸、白布等材料制成。反光板在拍摄外景时，能够起到辅助照明的作用，有时候也可以充当主光使用。反光板分为白色反光板、金色反光板、银色反光板、黑色反光板和柔光板。

反光板的主要作用有以下三点：

（1）让平淡的画面看起来更加饱满，更富有立体感，使拍摄出来的视频拥有更好的质感。

（2）可以折射部分光线，让需要突出的细节部分变得更加清晰。

（3）补光柔和，不会造成闪光灯补光带来的尖锐感。

一般情况下，主光和反光板配置在拍摄轴线两侧。想要最大限度地发挥出反光板的作用，可以进行以下几点操作：

（1）角度。反光板配置角度的高低会直接影响被拍摄对象的线条、层次以及直观效果。因此，反光板和被拍摄对象之间的角度选择要适当，要以能够完美地展示被拍摄对象的轮廓线条的角度为佳。

（2）强度。虽然反光板不能具体调整光线的输出功率，但是反光板的反光是中心区域最亮，越往边缘越暗，而且是相对比较均匀的。因此在使用反光板的时候，利用好这个亮度递减区域，就可以制造出想要的光线效果。

（3）数量。使用反光板进行拍摄时，最好能够使用两块以上的反光板——其中一块在通常的高度上补光，另一块放到低一些的角度，也可以近一些，冲淡被拍摄对象的阴影，使其更具立体感。

4.4 背景：锦上添花、画龙点睛全靠它

短视频画面美不美、能不能为用户构建良好的视觉效果，和背景的运用与选择有着密切的关系。背景，是指在被拍摄对象后面用来衬托被拍摄对象的景物，以强调被拍摄对象是处于什么环境之中。良好的视频背景能够有效地突出被拍摄对象的形象，丰富其内涵。

背景选择需要恰当、有意蕴，能够为视频锦上添花；反之，若背景选择不当，杂乱无章，则会让视频效果黯然失色。

4.4.1 背景选择三要点

选择短视频背景需要秉持三个要点，才能最大限度地构建出完美的视频场景，营造出大片的感觉。

（1）彰显特征。

短视频的背景选择首先要抓住一些富有地方特征抑或时代特征的景物作为背景，这样可以最大限度地吸引和地方特征有关的用户的关注，还可以使用户能够在第一时间了解时代背景。

①以城市地标建筑作为背景。以城市地标建筑作为视频拍摄背景，能够有效地吸引该城市用户的好感，提升他们对视频的关注热情。

②以具有时代气息的事物作为背景。具有时代气息的事物有很多，如历史名人雕塑、城市景观浮雕、博物馆等，以此为背景，会让视频更具特色和吸引力。

（2）背景要简洁。

图 4-13　以学校广场为背景的人气短视频截图

除了具备了某一特征，视频背景还需尽量简洁，才能最大限度地衬托被拍摄对象，展示被拍摄对象的主要特征。假如视频背景繁复杂乱，不仅会破坏视频的美感，还有可能“淹没”被拍摄对象的特色，使其失去吸引力。

①用仰角拍摄，要避开地上杂乱无章的物体。

②用俯角拍摄，以道路、广场、水面、草地、森林等为背景，可获得相对简洁的背景（见图4-13）。

③利用逆光，将背景中杂乱的线条隐藏在被拍摄对象的阴影中。

④利用长焦，缩小被拍摄对象，将背景中的杂乱事物排除在画面之外。

⑤利用晨雾、干冰烟雾等，将背景掩藏于白色的雾气之中，提升背景的简洁性。

（3）背景要力求和主体形成影调上的对比。

在拍摄短视频时，你可以通过色彩、虚实、明暗等场景的构建，使得被拍摄对象更具立体感、空间感和清晰的轮廓线条，从而强化视频的视觉质感，给予用户更精美的视觉享受。

①暗的主体衬托在亮的背景上。这种方法可以让被拍摄对象轮廓更鲜明，线条感更足。

②亮的或暗的主体衬托于中性灰的背景上。

③主体亮，背景亮，中间要有暗的轮廓线。

④主体暗，背景暗，中间要有亮的轮廓线。

4.4.2 提升视频质感的5个背景设置方法

想要提升短视频画面的质感，给予用户一种更优美的视觉享受，背景设置就必须有新意、有特色，这样拍摄出来的短视频才能在用户心中留下更深刻的印象。那么，什么样的背景才最能提升短视频的画质呢?

方法一：以墙角为背景。

能够打动人并且使人产生联想的短视频才能被称为好作品，你可以通过构图和相应的拍摄技巧让视频画面看起来更具深度，以此让用户过目不忘。而让短视频画面看起来有深度的最简单方法就是拍摄的时候以墙角作为背景，因为对着房间的对角线拍摄会在很大程度上增加空间的深度，从而让视频中展现出来的画面更具视觉冲击力，让用户记忆更加深刻（见图 4-14）。

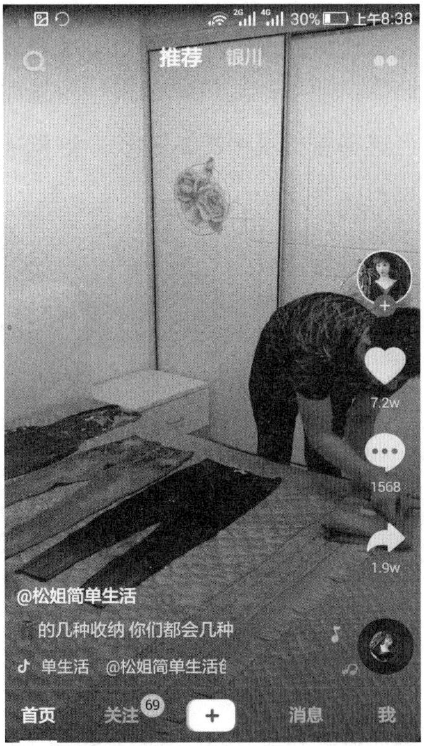

图 4-14　以墙角为背景的人气短视频截图

方法二：以外景为背景。

外景给人的感觉往往比较自然、开阔，所以用外景作为背景往往会让短视频看起来更具视觉吸引力。因此，假如你拍摄短视频的场地有窗户，那么你最好通过这个窗户让用户看到室外的风景，这样就会使整个画面出现意想不到的视觉效果，甚至画面的戏剧性也会因此大大增加。

方法三：以地标性建筑为背景。

如果在室外拍摄短视频的话，最好的背景就是当地的地标性建筑（见图 4-15）。比如，你在上海，就可以将东方明珠作为视频背景，如此一来，用户在看到视频中这个建筑物的时候，就能在第一时间内明白你所在的地点。

①地标的选择要具有“首位度”。选择当地地标建筑作为视频背景时，应当选择首位度最高的建筑，这样才能给用户留下深刻的印象。

②适当对地标进行虚化。当地标建筑太过“耀眼”时，可以适当对其进行虚化，以免造成喧宾夺主。

方法四：用装饰品设置背景墙。

想要提升短视频的视觉品质，最简单也是最有效的一个方法就是利用装饰品设置背景墙来打造视频亮点，吸引用户关注。

图 4-15　以郑州地标“大玉米”为背景拍摄的短视频截图

①背景墙的装饰风格要和视频整体风格契合。比如，你想要做一个母婴类的短视频，那么你的背景墙装饰风格就不能是满满的科技风，抑或重金属风，否则会让用户看后产生错乱感。

②背景墙要尽可能简单、柔和。假如背景墙太过抢眼，那么就可能在视频中喧宾夺主，用户看了后并没有记住短视频内容，反而只记住了背景墙。

方法五：使用绿幕。

绿幕在电影特技中使用比较多，因为电影中的很多场景在现实中都比较难以搭建，所以必须要借助绿幕才能实现。短视频背景使用绿幕，便于后期的电脑处理，幕布颜色部分做成透明，再加上需要的背景，主体特效就出来了。

比如，在制作短视频时，你可以在绿色的环境中进行拍摄，然后用电脑将画面内容抠出来，再和背景进行特技的合成就可以了。

4.5 运镜：有了它，情感气氛马上有

拍摄视频时，有很多种镜头的运动方式，其中推、拉、摇、移四种镜头运动方式是短视频拍摄中最常用的，也是短视频创作中必不可少的拍摄方法。学会运用镜头运动方式进行拍摄，有利于提高短视频的质量。

4.5.1 推镜头的拍摄方法

推镜头，是指人物的位置不动，镜头由远及近向被拍摄对象推进拍摄，逐渐推成人物近景或特写的镜头。这里人物的位置不动的意思是人物在原地一个水平面上不动或移动（拍摄中并没有人物完全不动的情况），然后摄影机从远景变换到中景到近景，最后到特写镜头。摄影机推动的景别切换是不固定的，要看你具体拍摄的分镜头稿本具体分析。比如，你用推镜头的运镜方式刻画出一个人物，突出你在这个分镜头中想给观众交代的主体，那么你最后就要推到人物特写头部镜头。

镜头的运动方法是在人物不动的前提下，镜头向前匀速运动或者不匀速运动（运动速度也与你想让此镜头表达的意义有关）。想让镜头发生运动，就必须让机位向前移动，那么我们如何让机位向前移动呢？电影摄影师拍摄时，一般都会铺设运动轨道进行拍摄。轨道上是我们的影视摄影车，由多人进行辅助拍摄。短视频创作由于成本低，没有大剧组的制作规模，我们又该如何解决这个问题？其实很简单，可以运用土办法来解决。我们知道，需要让摄影机往前匀速移动，这时我们可以使用移动的三脚架拍摄或用货运平板车拍摄，就能很好地解决此类问题。但是，要注意做好视频防抖和保持直线运动。

4.5.2 拉镜头的拍摄方法

拉镜头，是指人物在原地不动，摄影机往后移动机位拍摄，逐渐远离被拍摄对象。这里说的人物在原地不动并不是说完全不动。

我们在拍摄时，也可以结合移动三脚架、滑轨进行拍摄。普通短视频创作者在拍摄此类镜头时多用移动三脚架进行拍摄，拍摄前设置好取景构图的高度，并将摄影机和三脚架连接好。首先，画面的起幅是在一个局部的特写或者近景镜头，然后通过摄影机匀速向后运动，画面的景别不断扩大，交代了人物与画面所处的关系。往后移动拉到大景别后为画面的落幅，如此能使观众产生对局部所处环境的好奇心。

这种拍摄手法常用于短视频中的搞笑栏目。比如，前几年很火的《屌丝男士》以及现在很火的《陈翔六点半》。很多搞笑视频都是用这样的拍摄方法拍摄的。当画面拉到大景别时，这种喜剧反差效果会突然放大，以致达到最好的喜剧点，同时也突出了人物的情绪反应。我们也常用拉镜头作为结尾性镜头拍摄。比如，拍摄一家三口在海边游玩的镜头，从近景到远景，同时配合上升镜头进行拍摄。这有利于给人带来美好的向往，增加了影片的气氛。

4.5.3 摇镜头的拍摄方法

摇镜头的拍摄方法，是指摄影机机位在原地固定不动，通过辅助设备三脚架使摄影机在原地做360度的旋转或上下升降运动。我们常见到的身边的摇镜头是移动旋转延时摄影镜头，还有介绍大场景的镜头。

摇镜头的拍摄方法十分方便，它不需要移动摄影机。所以我们常结合三脚架的旋转云台进行拍摄。拍摄时使用的镜头根据你想突出表现的物体而定：如果你想拍摄一个人物迎面走过来的镜头，使用长焦拍摄，可以有效地突出主题人物；如果你只是想交代环境的开阔，那么就可以使用广角镜头拍摄。

我们拍摄这类镜头时多使用表达人物的视角，如某个人物被眼前的风景所吸引，那么画面上一秒是人物的眼睛，下一秒就要接摇镜头，代表人物看到的视角，同时也表现出了人物看到风景的心情等情绪反应。我们还拿这类拍摄手法来模拟望远镜的视角，这就是在某些特定的场景中需要用到摇镜头的案例。在短视频创作中，我们多使用摇镜头拍摄环境以起到交代环境的作用，其次是某些调查暗访视频中，也可以用类似的拍摄方法。

4.5.4 移镜头的拍摄方法

移镜头的拍摄方法，是指拍摄对象和摄影机一起移动拍摄，这种拍摄手法最为常见，如百米赛跑中，运动员从开始起跑到结束，摄影机始终跟随着运动员一起移动。

既然摄影机是跟随拍摄对象一起运动的，那么我们拍摄时就需要用到移动三脚架或铺设滑轨。拍摄时注意运动的速度要始终和人物保持相同，人物停止运动，摄影机也需要停止运动。与摇镜头拍摄的区别是，移镜头拍摄中摄影机是移动的，这样就可以让画面更具有动感和艺术感染力。

4.6 转场：不用剪辑也能呈现好效果

短视频拍摄经常需要进行场面转换，为了使转换的逻辑性、条理性、艺术性、视觉性方面更好、更强，在场面与场面的转换中，需要用到一些特定的手法。

转场的方法多种多样，但通常可以分为两类：一类是用特技的手段作转场，也叫技巧转场；另一类是用镜头的自然过渡作转场，又叫无技巧转场。

4.6.1 淡入淡出

淡入淡出转场，即上一个镜头的画面由明转暗，直至黑场，下一个镜头的画面由暗转明，逐渐显现至正常的亮度。

淡出与淡入画面的长度，一般各为两秒，但实际编辑时，应根据视频的情节、情绪、节奏的要求来决定。有些影片中淡出与淡入之间还有一段黑场，给人一种间歇感，起到中断观看者的思路、让观看者陷入思考的作用。

4.6.2 叠化转场

叠化转场，是指前一个镜头的画面与后一个镜头的画面相叠加，前一个镜头的画面逐渐暗淡隐去，后一个镜头的画面逐渐显现并清晰的过程。

一般来讲，叠化转场主要有以下四个作用：

（1）用于时间的转换，表示时间的消逝。

（2）用于空间的转换，表示空间已发生变化。

（3）表现景物变幻莫测、琳琅满目，令人目不暇接。

（4）用叠化表现梦境、想象、回忆等插叙、回叙场合。

值得一提的是，在叠化转场时，前后两个镜头会有几秒的重叠，这几秒的重叠能够呈现柔和舒缓的表现效果。所以当镜头质量不佳时，可以借助这种转场来掩盖镜头的缺陷。

4.6.3 划像转场

划像转场，是指两个画面之间的渐变过渡，分为划出与划入。划出指的是前一画面从某一方向退出荧屏；划入指的是下一个画面从某一方向进入荧屏。

在过渡的过程中，视频画面被某种形状的分界线分隔，分界线一侧是画面1，另一侧是画面2，随着分界线的移动，画面2会逐渐取代画面1。划出与划入的形式多种多样，根据画面进出荧屏的方向不同，可分为横划、竖划、对角线划等（我们常见的pr、fcp等剪辑软件提供了大量的划像转场预置）。需要注意的是，因为划像的效果非常明显，所以划像一般用于两个内容意义差别较大的段落转换。

4.6.4 无技巧转场

无技巧转场，是指用镜头的自然过渡来连接上、下两段内容，主要适用于蒙太奇镜头段落之间的转换和镜头之间的转换。与情节段落转换时强调心理的隔断性不同，无技巧转换强调的是视觉的连续性。

并不是任何两个镜头之间都可应用无技巧转场，运用无技巧转场方法需要注意寻找合理的转换因素和适当的造型因素。

无技巧转场的方法主要有以下4种。

（1）利用相似关联物进行转场。这种方法的上下镜头具有相同或者相似的主体形象，利用物体之间色彩、形状、位置等方面的一致性来实现上下镜头在视觉上的连贯性。比如上一个镜头是一个人在温室大棚里采摘草莓，下一个镜头则是另一个人挑选草莓，但是环境已经变成了农贸市场。

（2）利用观众心理进行转场。上下镜头利用人心理上自动承接的定式，比如内容上的某种逻辑关系，动作或者情节上的连续性等，采用偷梁换柱的手段，最终达到两个场景间的顺畅转换和连接。比如上一个场景中主人公上车准备去机场接人，下一个镜头随即切换到飞机降落。

（3）两级镜头转场。利用前后镜头在动静、色彩等变化上的强烈反差自然地形成场景间的转换。比如前一个镜头是奔跑的人群，后一个镜头则聚焦在安静咖啡馆中沉思的背影。

（4）声音转场。前后镜头利用解说词、音乐、对白等顺畅地配合画面的跳转实现转场。比如上一个镜头是闹市中一个男人向一个女人大喊“嫁给我吧”，下一个镜头则是女人的回答“我愿意”，但是画面已经跳转到了教堂的婚礼仪式上。

4.6.5 相同主体转换

相同主体的转换有3种类型。

一是上下两个相接镜头中的主体相同，通过主体的运动、主体的出画入画，或者是摄像机跟随主体移动，从一个场合进入另一个场合，以完成空间的转换。

二是上下两个镜头之间的主体是同一类物体，但并不是同一个，假如上一个镜头主体是一只玻璃杯，下一个镜头的主体是另外一个主人公手里的一只保温杯，这两个镜头相接，可以实现时间或者空间的转换，也可以同时实现时空的转换。

三是利用上下镜头中主体在外形上的相似完成转场任务。比如，前一个镜头落在一轮月亮上，后一个镜头落在一个圆镜上，完成相似主体的转场。

4.6.6 声音转场

声音转场是用音乐、音响、解说词、对白等和画面的配合实现转场，是转场的惯用方式。

声音转场的主要作用是利用声音过渡的和谐性自然转换到下一画面，其中，主要方式是声音的延续、声音的提前进入、前后画面声音相似部分的叠化。

4.6.7 遮挡镜头转场

遮挡镜头转场，是指在上一个镜头接近结束时，被拍摄主体挪近以致挡黑摄像机的镜头，下一个画面主体又从摄像机镜头前走开，以实现场合的转换。上下两个相接镜头的主体可以相同，也可以不同。

用这种方法转场，能给观众带来较强的视觉冲击，还可以造成视觉上的悬念，同时也使画面的节奏紧凑。如果上下两个画面的主体是同一个，还能使主体本身得到强调和突出。

4.6.8 主观镜头转场

主观镜头转场，是指上一个镜头拍摄主体在观看的画面，下一个镜头接转主体观看的对象，这就是主观镜头转场。主观镜头转场是按照前后两镜头之间的逻辑关系来处理转场的手法，主观镜头转场既显得自然，同时还能引发观众的探究心理。

4.7 工具：小手机的大效果

智能手机是我们最常用的拍照设备，只要启动相机功能，滑动到视频模式，然后轻点按键即可。很多人的智能手机甚至可以拍4K视频，但这并不意味着大家拍出来的视频就都是好看的、高品质的。

4.7.1 组装一套移动拍摄工具包

你永远不知道下一秒会去到哪里或者遇到哪些想要拍摄的场景，所以要时刻保持拍摄准备，这样当遇到你想要拍摄的场景时，你就能立即掏出手机进行拍摄。想要用手机拍出好视频，可不是一部手机就能完成的，你还需要一套属于自己的移动拍摄工具包。

拍摄工具包设备清单如下：

（1）LED补光灯。

（2）枪式麦克风。

（3）延长线。

（4）领夹式麦克风。

（5）接口及延长线。

（6）麦克风话放。

（7）Rode SC6为智能手机提供双 TRRS 输入和耳机输出。

（8）移动电源。

（9）iPhone手机（手机品牌可自由选择）。

（10）八爪鱼三脚架。

（11）iPhone（或其他品牌）三脚架适配卡口。

（12）耳机。

（13）球形云台三脚架。

4.7.2 手机拍摄短视频的7个小技巧

（1）横着拍，不要竖着拍。如果你希望别人能在显示器或电视屏幕上全尺寸看你拍摄的视频，那么你可以将智能手机横过来拍，不要竖着垂直拍摄。

在智能手机屏幕上看竖着拍的视频当然没有问题，但大型显示器或电视机不能像手机一样随意水平或垂直摆放，因此，如果你想把自己拍摄的视频通过其他输出设备播放出来，拍摄时最好将智能手机横着摆放。

（2）稳住手不要动。与数码相机相比，智能手机又小又轻，这意味着拿着它可以很稳很方便。拍摄视频的时候，要用双手拿手机，胳膊伸出一定距离加以辅助，这样身体就会很稳，不会抖动。当然，拍摄者轻微的动作无法完全杜绝，但至少在拍出来的视频上，别人不会看到突然的振动。

另外，你还可以将手肘放在身体两侧紧夹住。当拍摄对象移动的时候，你移动整个身体而不是移动手机，这样拍出来的视频会更稳定。

（3）使用网格功能。并不是只有专业摄影师才能拍摄出精彩的视频剪辑，你也可以。事实上，那些给我们留下了深刻印象的照片或视频，多是利用了专门将观众眼球聚焦到某一场景的特殊方法。这一概念引述到智能手机上就是网格。如果你的手机也有这个功能，那一定要记得在拍视频前先将其启用。

（4）利用环境光线。没有什么是比光线还美妙的东西了，但在拍照片和视频的时候，光线可以是朋友，也可能是敌人。要想拍出高质量的视频，首先要弄清楚如何利用光线，将其转化为拍摄优势。例如，在室外拍摄视频的时候，一定要在阳光均匀的场景下进行。如果发现镜头内的某些部分太亮或太暗，就换个位置和角度看看，总之要懂得灵活利用光线，而不能让它破坏你的作品。

（5）换换场景和角度。就算你的本意是拍摄一段视频，但不失时机地换个背景，会让你的视频生动许多。当然，你也可以选择在同一个场景内加入或更换一些道具，这些小细节往往会带来意想不到的效果。

在拍摄视频前，先想想自己的主题，然后想想此主题还可以在哪些地方拍摄。你可以从远处将镜头拉近，也可以从近处将镜头拉远，甚至可以斜着拍，来避免视频过于单调。你会发现，从不同角度进行拍摄，视频会更好看。

（6）手动设置曝光和聚焦。并不是所有智能手机都具备这一功能，但如果具备的话，请一定要学会使用。只要随意按住屏幕上的某个区域，就能激活AE/AFLock功能。对智能手机来说，AE（自动曝光）锁定更加重要，因为没有人会希望手机在拍摄的时候不断变换曝光。如果你打算在房间里环绕拍摄，锁定自动曝光就更重要了。至于手动控制对焦，对那些打算由远及近靠近拍摄对象的人来说非常实用，因为你需要相机聚焦在某一区域内。

（7）如果音效不理想，还是删了好。糟糕的声音处理可能会毁掉一段出色的视频，就算你的智能手机具备“画外音”功能，也不一定百分之百可靠。如果你希望视频中出现声音，如某人说话，那在拍摄视频的时候应离说话人越近越好，这样就能确保他的声音在环境噪声下仍清晰可闻。如果在拍摄的时候你已经意识到周围环境噪声太大，那么拍完后果断将音效删除为宜。

第 5 章

精剪辑：做一个能让视频变爆款的“剪刀手”

视频拍摄完，还需要一道“剪辑”工序才能发布。剪辑能够让短视频的逻辑更合理，画面更靓丽，过渡更自然，音质更具感染力，特效更具视觉冲击力，色彩也更加丰富。因此，一个好的短视频创作者，也必须是一个好“剪刀手”。

5.1 方案：别忽略，剪辑也要先策划

要想做好视频剪辑，首要是做出一个剪辑方案，确定好接下来的视频剪辑工作的要求、标准、流程、工具、素材、时长等，只有将剪辑工作的各个方面都规划好，最终剪辑出来的短视频才能达到预期效果。

5.1.1 剪辑方案策划六要点

（1）确定剪辑工具。比如，是使用Premiere还是爱剪辑，你可以根据自己对剪辑工具的操作熟练度选择最适合自己的视频剪辑工具。

（2）视频要求。比如，视频的长短要求、最终效果要求等。

（3）确定剪辑主题。剪辑的最终目标是将准备好的素材完美地结合在一起，而非简单地嫁接，所以其必然需要一个明确的主题来统筹剪辑的大方向。比如，你的短视频拍摄素材全都是美食类，那么你剪辑的主题是要展示某一饮食文化，还是聚焦某个菜品的制作？比如，你可以确定一个“展示鲁菜传统文化”的剪辑主题。

（4）剪辑标准。整个剪辑要以一个什么样的标准进行，侧重点是什么，亮点在哪里，这些都需要一一明确。

（5）剪辑流程。要明确剪辑所需要的人数以及各自负责的工作，提前做好分工，这样剪辑工作开展起来才会顺畅、优质、高效。

（6）视频成品规划。片头内容是什么，所用时间是多少；片中重点内容是什么，所用时间是多少；片尾需要什么内容，所用时间是多少。

5.1.2 剪辑方案策划样例

以一个想要发布在抖音短视频平台上的美食视频为例，其具体剪辑方案

策划如下。

（1）剪辑工具。Premiere。

（2）视频要求。时长15秒，整体流畅自然，不出现跳帧、间断等问题，特效和音乐要适合，重点和主题要突出。

（3）剪辑标准。以美食为主线，以经典家常菜烹制为重点进行剪辑，侧重表现家常菜的新吃法，突出“家中美味”的特色。

（4）剪辑流程。需要剪辑人员三名，分别为A、B、C。A负责视频的粗剪工作，B负责字幕、特效等后期工作，C负责校对工作。

（5）视频成品。

①视频开头5秒要聚焦家常菜的原料，要随着音乐节奏推拉镜头的切换，美食原料的镜头剪辑要尽量丰富，即中景、近景特写等相结合。

②视频5秒后要聚焦菜品的烹制，镜头转换要自然，亮点要特写，在有需要的地方加上声音特效和字幕。

5.2 滤镜：你和电影之间，只差了一个它

各短视频平台上的内容数以万计，你的短视频想要从中脱颖而出，颜值或者才艺是关键。那么假如颜值不够，你需要怎么解决呢？其实这个问题很好回答，只要你善于使用滤镜，那么你的短视频就能拍出电影大片的效果，不管是人物还是景色，都能美得让用户窒息。

图 5-1　抖音首页下方的“+”按钮

那么，如何为你的短视频添加滤镜

呢？以抖音短视频为例，添加滤镜的方法有三步：

（1）点击抖音APP，进入首页，点击屏幕下方的“+”按钮（见图5-1）。

（2）点击“+”按钮之后，就进入了拍摄页面，你可以看到拍摄页面有很多的功能。在屏幕右方有一个“美化”功能，点击一下即可（见图5-2）。

（3）点击“美化”按钮之后，可以看到页面下方出现了一堆滤镜，你可以根据自己的偏好选择相应的滤镜，这样拍摄出来的视频就会带有滤镜效果了（见图5-3）。

图 5-2　抖音拍摄页面的“美化”功能

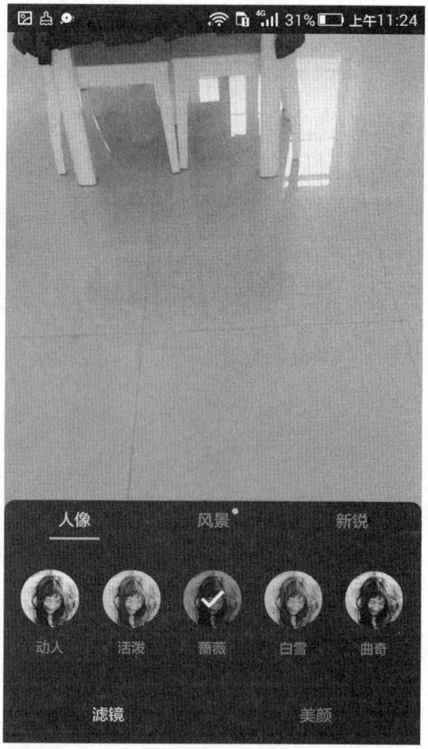

图 5-3　抖音短视频拍摄的“滤镜”选择页面

5.3 过渡：有了它，视频内容才能无缝衔接

一个完美的短视频，可能是由几十、几百甚至上千个镜头片段衔接在一起的。因此，在视频剪辑过程中，如何进行过渡，让短视频内容无缝衔接在一起，不仅关乎短视频的画质美感，而且对于内容逻辑的合理性也至关重要。

那么，你的短视频要如何进行过渡才能实现内容上的无缝衔接呢？

5.3.1 淡出淡入

淡出淡入是一种比较常见的剪辑过渡方法，实用性非常强，基本上什么样的短视频素材都能使用这种方法无缝衔接在一起。一般而言，淡入意味着一个场景的开始，而淡出则代表着场景的结束。

（1）淡出。镜头由明亮变为暗淡，最终完全隐没，这个镜头的末尾叫淡出。

（2）淡入。画面由黑暗变为明亮，之后完全清晰，这个镜头的开端叫淡入。

5.3.2 叠化

叠化是一种“软过渡”手法，当前后镜头组接不畅、镜头质量不佳时，如镜头运动速度不佳、起落幅度不稳定等，都可以借助叠化冲淡影响，同时也避免了切换镜头的跳跃感。

叠化具体表现为上一个镜头消失之前，下一个镜头已经逐渐显露，两个画面有若干秒重叠的部分。

（1）前一画面叠化后一画面。将要出现的画面慢慢展现，覆盖之前的画面。

（2）主体画面内叠加其他画面。这种方式具体表现为其他画面和短视频主体画面进行叠化，最终又结束在主体画面上。比如，表现人的记忆片段时，记忆画面出现之后又消失。

叠化用得好，那么你的短视频在用户眼中就会营造出一种不同的意境，如从人的眼睛叠化到夜晚的明月，便能让用户收获更强烈的美感。

5.3.3 连续动作剪接

连续动作剪接指一组连续画面中的第一个镜头显示一个人进行着某种动作，接着第二个镜头继续这个动作，但取景不同。没有打破时间，动作连贯完整。连续动作剪辑非常普遍，既可用于复杂的人物追逐、打斗场景，也可用于安静、动作舒缓的情节。

5.3.4 匹配剪接

上下镜头中的相似因素（主体形象、颜色、动作等）为中介实现镜头的过渡转接。其实上面叠化也讲到特写人物的眼睛叠化过渡到月亮，这就是一个匹配剪接。

5.3.5 跳跃剪接

跳跃剪接，是指两个镜头内的主体相同，但摄影机的拍摄角度和距离却差别较大，当两个镜头前后衔接时，画面便会产生明显的视觉跳跃感。这种视觉上的跳跃会打破电影的连贯性，但能有效地压缩上下镜头的时间，强调某个动作的结果，营造出人意料的效果。连贯剪辑追求的是建立“故事是真实的”这样的幻觉，而跳跃剪接却要破坏“故事是真实的”这种幻觉，让观众保持和电影叙事的距离感。

5.3.6 无形剪接

顾名思义，无形剪接就是剪接于无形，实际上是剪了，但观众却看不出来。像奥斯卡最佳影片《鸟人》，它里面就运用了很多这样的手法。这种剪接方式的使用，是有一定技巧的，如用黑色过渡，一个镜头将其移到黑暗处，然后另一个镜头从黑暗处移出来，这样就形成了一个无形剪接。又如，一个镜头快速地从左到右，然后下一个镜头也快速地从左到右，这样也会形成一个无形剪接。

5.4 字幕：一个字改变一个视频的命运

很多创作者在短视频平台上发布短视频时，总会遇到这种情况——拍摄的视频有时候会听不清人物说话，或者人物说的是方言或带口音的普通话，大家听不太明白。这时就需要为视频添加字幕，以保证所有点击观看的用户都能够听得明白。

那么如何给短视频配字幕呢？目前各短视频平台都没有提供给视频添加字幕的功能，想要添加字幕，需要借助第三方软件。下面以巧影APP为例，简要介绍一下为短视频添加字幕的方法。

（1）将拍摄的短视频保存在手机上。

（2）点击巧影APP，进入主页，点击中间“+”选项（见图5-4）。

图 5-4　巧影 APP 主页

（3）点击“+”选项后，进入视频编辑页面，点击右边的“媒体”选项，导入之前拍摄的视频（见图5-5）。

（4）将视频线滑动到需要加字幕的那一帧，点击视频，在右侧跳出的选项中点击“剪辑图形”选项（见图5-6）。

（5）选择“剪辑图形”选项，进入设置页面，选择“基本标题效果”，接着选择“字幕”选项（见图5-7）。

（6）点击“字幕”选项后，你就可以输入你想要在这帧视频中显示的字幕，设定字体颜色以及字幕在视频中出现的位置（见图5-8）。

（7）执行分享命令，将视频导出即可（见图5-9）。

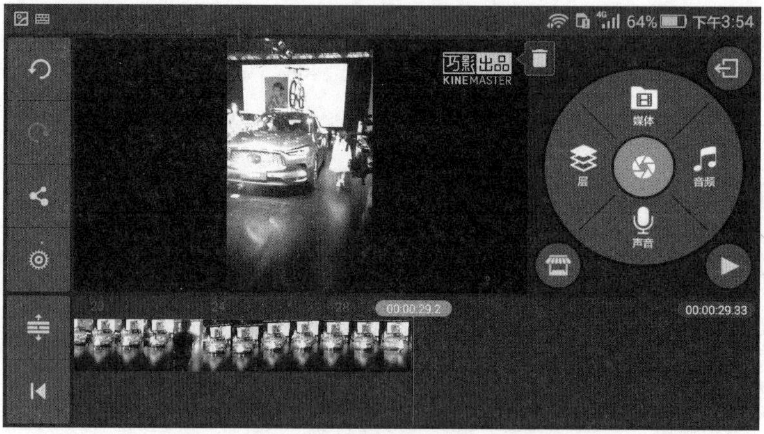

图 5-5　导入拍摄后的巧影短视频编辑页面

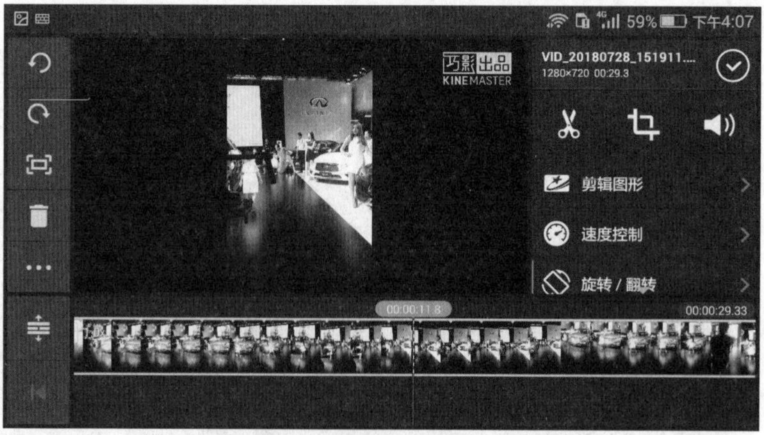

图 5-6　巧影中的“剪辑图形”选项

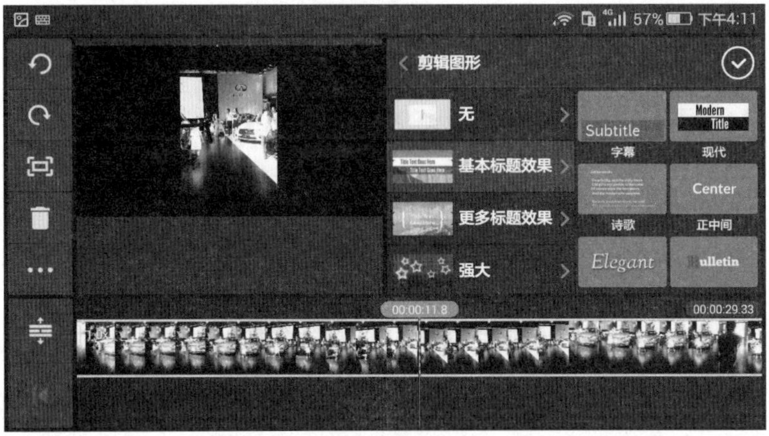

图 5-7　巧影中的“字幕”选项

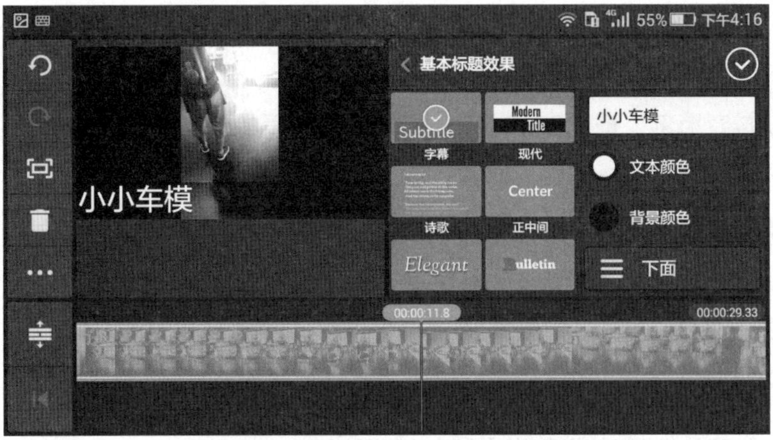

图 5-8　巧影 APP 字幕输入页

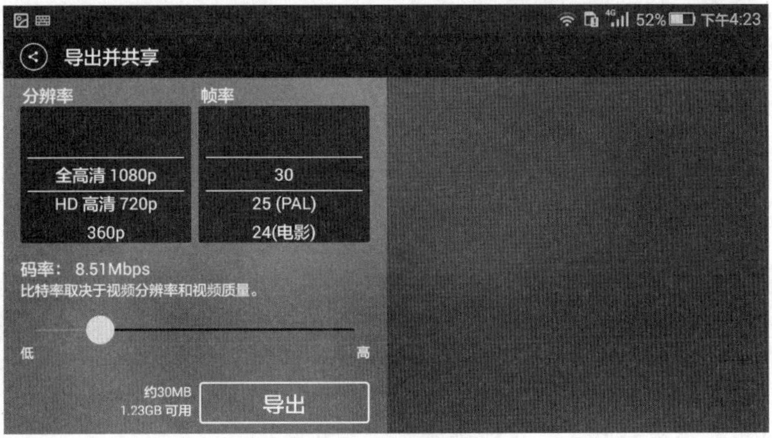

图 5-9　视频导出页面

5.5 音频：加入一首适合的BGM

短视频要想获得足够的人气和知名度，需要有一个好的音乐背景。这就好比导演拍电影，画面再美，如果没有背景音乐的衬托，也无法让人达到一个心境的升华。音乐可以起到提升视频整体效果的作用，可以让粉丝的情感、心理与视频内容融合在一起，升华感情。

一个富有情感境界的视频，一定会获得更多的转发和点赞。所以在做短视频时，需要选择合适的音乐作为背景。

以抖音为例，截至2018年7月，用户最喜爱的十首背景歌曲如下：

（1）《Panama》。很多玩抖音的用户都被“C哩C哩”这首歌“洗脑”过，甚至有人认为，如果你没听过“C哩C哩”，都不好意思说自己是年轻人。《Panama》这首歌是由罗马尼亚歌手Matteo演唱的，非常适合那些搞笑类短视频。

（2）《空空如也》。这首歌是网络歌手胡66演唱的一首非常好听的作品，歌曲整体曲风采用一种节奏布鲁斯的风格。胡66嗓音比较有特点，十分适合情感类、社会类短视频。

（3）《我们不一样》。这首歌在2018年异常火爆，在抖音短视频上累积了大量粉丝，适合讲述兄弟情谊、个性趣味类的视频。

（4）《体面》。电影《前任3》中的插曲，非常伤感的一首歌曲，2018年上半年在抖音爆红，各种情感类的短视频都可以使用这首歌作为背景，非常有代入感。

（5）《起风了》。这是一首根据日本宫崎骏动画《起风了》改编的歌曲，网络歌手“买辣椒也用券”把日文歌填词改编翻唱，深受广大网友喜爱。这首歌很适合励志、正能量类的短视频。

（6）《IT G Ma》。这首歌在 YouTube 上传仅1个月，播放量就超过100万次，截至2018年6月，这首歌就拥有了4800 万次的播放量。在抖音上，它主要被用来制作表现各种怪异表情的视频，也吸引了很多人的关注。

（7）《Down In The DM》。这首歌的流行，源自抖音官方推的一个叫“搓澡舞”的挑战赛。这首背景音乐由于曲调明快、节奏动感，由抖音两位美女达人创作的舞蹈动作也简单易学，因此引发了许多抖音作者跟风模仿。很显然，这首歌适用于舞蹈类、动感类的视频。

（8）《带你去旅行》。这首歌可以说是2018年抖音最火十大神曲中的NO.1。这首歌节奏虽然明快，但伤感程度爆表。很多人先在抖音上发现它，是因为有一个抖音主播剪辑了一个《哆啦A梦》的短视频，其背景音乐就是这首歌。拍摄者用纸剪出电影中的主角静香与大雄，在同样用纸做成的各种背景中上演故事，伤感至极。所以这首歌非常适合使用在有共鸣的情感类视频中。

（9）《小跳蛙》。有些人认为这首歌是一首儿歌，但其实这是首正儿八经的摇滚歌曲。在抖音里，这首歌一般被用来作为卖萌类视频的配乐，可爱的歌词配上可爱的表情，卖萌效果非常好。

（10）《追光者》。这首歌是电视剧《夏至未至》中的一首插曲，词意真切、歌声款款是它的特点。歌曲中蕴含着一份单纯的爱意和坚定的承诺，令人听到纯真，听出故事。歌曲干净舒缓，歌词直戳心意，唱出了一段难言的爱恋，让人不自觉地陷入对青春往事的回忆之中。这首歌非常适合回忆、青春往事类的短视频。

5.5.1 根据自己拍摄的内容选择合适的音乐

在抖音中，无论是拍摄短视频还是上传短视频，都需要一个背景音乐来衬托。那么如何选择合适的音乐呢？事实上，只要遵循一个原则即可，那就是：根据自己拍摄的内容选择合适的音乐。

点击在抖音首页的“+”直接拍摄，然后就可以先选择音乐，点击上方的“选择音乐”按钮，会发现一系列的热歌榜、飙升榜、美好夜、流行、电音趴、原创音乐、国风等音乐资源库。你可以根据短视频内容和自身喜好，选择最佳音乐（见图5-10）。

图 5-10　抖音的选择音乐页面

抖音音乐分类中，有十几种分类，包括欧美、激萌、搞怪、日韩、舞蹈、校园、运动、经典、配乐，等等。你可以根据拍摄的内容来选择。另外，你还可以在搜索栏中搜索自己喜欢的歌曲。

假如你是上传事先拍摄好的视频，可以在上传完视频后，点击“选择音乐”来选择配上合适的音乐。

总之，无论选择哪种方式发布视频，都不能只认定最火爆的歌曲，而是要选择适合拍摄内容的音乐作为背景，这样才能为你的视频增色加分。

5.5.2 创作原声，独一无二

在短视频平台中发布视频，会经常遇到这样一个问题——大家都在用同一个音乐背景，很难突出自己的风格，这该怎么办呢?

的确如此，短视频那么多，即使平台的音乐资源再丰富，也可能会让你和别人的短视频音乐“撞车”而落入俗套。此外，使用别人的音乐也可能会很难完美地表达出自己的初衷和想法。

因此，这时就需要创作原声，展现独一无二的特点。在这方面，途家民宿就做得很好。2018年7月23日，途家民宿在抖音短视频推出了一个非常文艺个性的短视频，并被推送到了首页。视频中，一个文艺女孩坐在一个安静的院子里（途家民宿的院子），翻看一本书，弹一把琴，执一束花。整个视频淡雅脱俗，文艺范儿十足。这样的视频，背景音乐自然是非常重要的。

途家民宿采取了创作原声的做法，创作出了属于自己的背景音乐，沙哑的女声轻轻淡淡地唱着“往后余生，风雪是你，平淡是你，清贫也是你……”粉丝听着歌，看着视频里的画面，仿佛自己也走进了这个安静优雅的院子，享受着平淡的生活，轻松而又美好。

这个原声背景音乐百分之百符合了这个视频的内容，还非常贴切地给粉丝带去很强的代入感，让粉丝可以最大限度地感受途家民宿。

5.6 特效：黑科技让视频效果加倍

特效，简而言之，就是给予视频特殊的效果。通过剪辑，你可以给前期拍摄的短视频加入一些在现实生活中不会出现的特殊效果，如科幻场景、飞天遁地场景等，以提升短视频的视觉冲击力。

5.6.1 选择平台自带的视频和滤镜特效

以抖音为例，在抖音上传或者拍摄视频时，可以选择抖音自带的视频和滤镜特效。抖音为用户呈现了多种视频特效方案。

点击视频左下角的“特效”，会发现在抖音中有两个选择：一个是滤镜特效，另一个是时间特效。

点击滤镜特效，会发现有各种方式，如“灵魂出窍”“抖动”“粒子”“线性”“幻觉”“70S”“X-Signal”等。选择好后，按住就可以使用其滤镜特效，这样拍摄出来的视频就会呈现出你想要的效果。

点击“时间特效”，会发现有三类视频特效，即“时光倒流”“反复”“慢动作”。很显然，“时光倒流”是以逆反方式呈现，给人一种时光倒流的感觉。“反复”就是反反复复呈现某一个动作，用于强调和突出。

“慢动作”指的是放慢动作，让粉丝可以更清晰更直观地看到视频中呈现的东西。我们可以根据自己拍摄的视频来选择不同的特效。

另外，你还可以点击“滤镜”功能，这个功能主要是让你的拍摄画面更加唯美，有日系、年华、非凡、动人等滤镜效果，呈现出来的视频画面会更唯美、文艺。

5.6.2 巧用手机视频特效APP

除了短视频平台自带的视频特效之外，我们还可以借助一些手机制作视频的APP来帮忙。

（1）VUE。VUE曾被评为2016年App Store十佳应用，这个短视频拍摄和剪辑软件，一上架 App Store 就被超过 120 个国家和地区的App Store编辑推荐。

在该软件中，可以呈现出电影级别的滤镜，操作也非常简单。VUE内置的电影级别滤镜可以在很大程度上提升视频的表现力，其中软件内的F1滤镜尤为出色，能让人产生仿佛自己正在拍摄电影的感觉。

VUE 还支持多种视频画幅，除了竖屏全屏画幅之外，也有经典、正方形、16:9、电影荧幕超宽屏，甚至还有很多经典电影同款特效。

虽然这款APP中只有15款滤镜，但是每一款都值得抖音主播借鉴和使用。

（2）Quik。Quik由GoPro出品，由Replay更名为 Quik。Quik的基本使用流程很简单：导入照片或者视频→挑选预设或音乐→编辑文字→完成。

在这个软件中有很多视频特效模板，我们只需要放视频上去就可以了。因此，这个视频软件非常适合抖音“小白”使用。

（3）美拍大师。美拍大师APP由美图公司出品，是美拍的升级版，跟美图秀秀一样简单易学。

美拍大师对视频时长没有要求，而且可以录制16：9的电影画幅，拍摄人像可自动美颜，支持剪辑、加动态文字、转场动画、加字幕、滤镜等功能。其最大的优势是想要什么背景音乐都可以在线搜索。

（4）Slow Fast Slow。如果你特别喜欢拍摄慢动作视频，想对速度控制得更加精细，那么选择Slow Fast Slow就对了。这个APP能通过曲线控制点完美地实现变速达到“倒放”效果。

（5）Action Movie FX。这是一款电影特效视频工具，用户可以在这里找到各种电影的特效：爆炸、烟火、火树银花、导弹攻击、龙卷风等。使用这款APP拍摄出来的视频不但特效惊艳，而且操作非常简单，只需在手机上简易操作即可。使用这款软件时需要注意的一点是，只有合适的拍摄场景和角度，才能和特效比较完美地贴合。

5.6.3 使用AR视频特效效果

在拍摄短视频时，还可以加强增强现实（AR）方面的视觉特效，利用虚拟现实，呈现出3D画面感，这样的视频会让粉丝如身临其境，观看时更加有代入感。

有一款电脑软件“视+AR”，搭载独立开发的Easy AR引擎，包罗丰富的AR内容增强现实应用。

在这个应用中，你还可以把一些现实中不存在的东西与拍摄内容结合起来，如与恐龙等各类增强现实（AR）3D角色在真实场景中互动，让我们拍摄出的视频更加酷炫闪耀。

在这款应用中，下载识别图，扫描识别图可以体验增强现实（AR）角色在视频或者照片中实时跟踪的独特效果。还可以随时切换各类武器来“轰炸”现实场景，迅速便捷地拍出炫酷的“科幻大片”。

5.7 合成：不同内容也能变为一个内容

在制作短视频时，创作者经常会遇到这样一个问题：如何把拍摄的几个视频片段拼合在一起，将不同的几个内容变为一个内容。想要解决这个问题，就离不开剪辑中的合成技能。所谓“合成”，顾名思义，就是将多段视频合在一起。

以爱剪辑为例，视频合成的步骤如下：

（1）打开爱剪辑，可以看到页面左下角的“添加视频”选项（见图5-11）。

（2）在“添加视频”选项下，双击添加想要合成的视频，将之上传到爱剪辑上（见图5-12）。

图 5-11　爱剪辑中的“添加视频”选项

图 5-12　选择并上传想要合成的视频

（3）点击上传的视频，会跳出一个“截取选项”，根据你的需求截取短视频，将不需要的视频内容去掉（见图5-13）。

（4）一键合并所有视频片段。导入多个视频片段，点击右下方的“导出视频”按钮，稍等片刻即可轻松合并在一起。

图 5-13 视频截取页面

5.8 调色：别让阿宝色拉低了视频LEVEL

很多短视频创作者经常会遇到拍摄出来的短视频画面比较暗淡的情况，整个视频效果差强人意。这个时候，就需要对短视频进行调色，通过改变色彩让其变得更具视觉美感，带给用户大制作的感觉。

PR（Premiere）是视频剪辑中使用频率最高的软件，下面以PR为例，详细介绍一些调色方法。

5.8.1 PR的简单调色

在使用PR进行调色时，有两种相对简单快捷的方法。

第一种方法是在视频基础上添加一层纯色图层，然后对该图层进行不透明度的设置，以与视频融合的方式进行调色。

第二种方法是使用“色彩平衡”特效，操作如下：

（1）打开PR，将我们要进行调色的素材拉进轨道，找到PR中的“效果”，点击“视频特效”，选择“色彩校正”（不同版本的PR可能会有名称的变化，但差别都不是特别大），并将其拖到轨道视频上。

（2）点击该视频的特效控制台，点开“色彩平衡”，修改里面的数值，即可实现简单视频的颜色校正。

5.8.2 进阶版PR基本色彩校正

首先要观察你的素材，是否是正确的色温、正确的曝光。如果是晚上拍摄的视频，一般曝光是不正常的，看起来会很奇怪，所以在调色的时候一定要注意逻辑性。

PR有一个很实用的调色效果Lumetri插件，如果你的PR版本没有Lumetri插件，可能是版本太老，或者是精简版的PR，需要先升级软件版本，然后再在窗口调出Lumetri颜色插件。

首先，要调整色温。一定要注意，如果不是特别的场景需要特定的色温，色温一定要是白色，之后才可以进行风格化调色。

如果视频素材明显是整体偏暗的，那么就应该去调整曝光度，使画面看起来更加舒适。调整完曝光度后，需要继续观察素材，在色调栏中对对比度、高光、阴影、白色、黑色进行微调。这样的调整会使画面更加细腻。轻微调整一下色彩曲线，可让画面颜色更加接近真实。

最后调整下色轮，这样就基本校色完成了。这种色彩校正基本上能满足你对一个素材颜色的需要。而且色彩校正对不同素材，要求也不同，调整的颜色局限性也不同，当然也跟当时拍摄时相机的参数调整有关。

5.8.3 最简单快捷的调色方法

使用PR LUTs调色预设进行调色，简单快捷，有事先准备好的色彩校正预设即可。LUTs调色预设更好、更快、更容易的颜色校正和分级调色，可以让画面颜色看起来更富有创意。LUTs能够快速搞定画面的调色步骤，具有丰富的动态色彩，让你的视频画面看起来更像电影胶片色彩。大部分后期软件都可以使用LUTs，也就是说，你可以很方便地将LUTs引入你的后期流程中。通过使用LUTs可以使胶片质感和色彩取得很好的效果，在此基础上稍作调整就能呈现出很赞的色彩风格。

第 6 章

吸粉丝：90% 的关注用户都是这样来的

短视频要想火起来，除了要做好内容、打磨好品质外，还需要众多粉丝的关注和支持。一般而言，粉丝越多，所能获得的支持就越大，短视频发布后被分享转发的概率也就越高、次数也就越多。因此，做好短视频的一个重要方面就是要尽可能多地吸引粉丝。

6.1 搬运法：借助他人爆款之力涨粉

想要吸引更多粉丝关注，获取更多的流量，借势是一个简单而又高效的方法。爆款短视频自带超高人气和丰富流量，你可以将自己和其进行连接捆绑，自然就能获得更多的粉丝。

6.1.1 在爆款评论区蹭粉

优质内容本身就是粉丝和流量的聚集地，而爆款对粉丝和流量的吸附能力更是达到极致。所以，你可以在爆款评论区内通过评论推广自己的短视频，和粉丝互动，继而成功蹭粉，将爆款的粉丝也吸引到自己的短视频上来。

（1）针对爆款特色进行评论。优质内容能够吸引粉丝，优质的评论同样可以吸引粉丝——当你在爆款评论区将爆款的亮点和特色评述出来时，你也会在很大程度上吸引爆款粉丝的关注。因为你让大家更好地认识了爆款，让大家觉得你很专业，关注你的人自然也会更多。

（2）评论能抓住粉丝的痛点需求。爆款短视频中一些出彩的地方往往会吸引粉丝们的目光，让他们想要亲手进行复制，但是爆款短视频中却没有给出具体的配方，或者没有相应的制作技巧指导，这就成了粉丝的痛点。针对粉丝的这一痛点，你可以在评论区表明自己有相应的资源，吸引粉丝关注。

“李子柒”发布的美食类短视频在头条上拥有大量粉丝，其在短视频中所展现出来的逃离都市的田园恬静少女的形象更是深入人心。“李子柒”发布的美食短视频中，各种美食的制作都保持着原生态特色，制作手法精美，解说甜美，因此她的每一条短视频都是爆款。

正是看到了“李子柒”的火爆人气，“流浪的鱼106429746”通过在其短视频评论区留言互动，成功吸引了众多粉丝关注自己。例如，在“李子

图 6-1　“流浪的鱼 106429746”借助爆款视频蹭粉

柒”发布的《秋梨膏》视频后，“流浪的鱼106429746”便针对大家普遍关注的秋梨膏配方在评论区留言，告诉大家自己拥有配方，大家只要关注他即可获得。如此一来，“流浪的鱼106429746”便巧妙地抓住了大家的需求痛点，“蹭来”了更多粉丝（见图6-1）。

6.1.2 转发爆款蹭粉

你还可以通过转发爆款，借势涨粉。因为爆款自身便具有强大的流量属性，所以当你转发爆款时，也会获得其粉丝的关注，蹭到足够的人气和流量。

（1）转发时要彰显自身的个性和特点。仅是简单转发，并不会让你蹭到多少粉丝，只有在转发过程中彰显出自身的个性和特色，有独特见解，才会让粉丝对你印象深刻，并产生关注你的欲望。例如，你可以在转发时谈一谈对爆款亮点的认知，说一说爆款的特色，总结一下自己从中可以汲取的知识和技巧，等等。

（2）为自己贴上“爆款浓缩师”的标签。除直接转发外，还可以间接转发。你可以根据自身对爆款的理解，将之进行浓缩，用自己的视角和言语进行转发。这样一来，你的转发之于用户便有了“浓缩”“提炼”的味道，能够让用户更轻松地认识爆款。这样一来，关注你的人自然也就跟着多了起来。

6.1.3 拍摄类似内容的短视频

拍摄和爆款相同或相似内容的短视频，可以让你成功搭上爆款人气快车，快速地吸引已经关注了爆款的粉丝。

（1）巧妙地将自身和爆款进行捆绑。想要引起爆款短视频粉丝的关注，可以将你的短视频在某一方面和其进行连接，甚至是捆绑。例如，在名称上和爆款短视频进行捆绑，取相似的名称，或者给予用户“爆款短视频后续系列”的暗示，吸引原爆款粉丝的关注。

（2）在深度或广度上进行挖掘。拍摄和爆款类似的视频内容，并非简单地进行重复，而是要在爆款基础上，从专业深度或行业广度上进行挖掘，这样才能拍出自身特色，注入自身个性，才能更好地吸引粉丝关注。

6.2 不断优化主题，让粉丝因好主题而“疯狂”

对短视频而言，主题永远都是吸引粉丝的磁极。一个好的主题，就如同一朵绽开的花朵，自然会引来蜜蜂和蝴蝶；一个毫无亮点的主题，则如同鸡肋，往往令人食之无味。

6.2.1 好主题必定有价值

一个好的短视频主题，必定是一个在目标用户群体中有价值的主题。因为人们往往只关注对自身有价值的东西，短视频主题只有具备了被关注的价值，用户群体才会花费时间和精力关注它，才会积极地分享转发。

（1）确定潜在用户群。你的短视频最主要的潜在观众是谁？他们有何种喜好？只有先弄清楚这些，你才能有针对性地确定主题，使之在潜在用户群体眼中更具价值。比如，你的潜在目标用户是在校大学生，那么你在确定短视频主题时就需要思考一下他们的主流需求是什么，找到了这个问题的答案，才能提升你的短视频主题对大学生群体的吸引力。

（2）紧贴需求痛点。在确定潜在用户群的基础上，你需要找到他们需求上的痛点，给出具体的解决方案，这样的主题在潜在目标群体眼中才更有价值，才会让他们为之疯狂。比如，目标用户群体是肥胖人士，那么你的短视频主题就应当聚焦减肥的方法和技巧等。再比如，潜在用户群体是职场白领，那么你的短视频主题就应当关注白领在职场的发展或者职业技能的提升。

抖音用户“职场达人”发布的短视频主题都和职场有关，或向职场白领普及说话技巧，或向他们传播提升职场人际关系的秘诀。这种立足于“提升用户职场知识和技能”的短视频主题，对职场人士而言就很有价值，因而获得了职场白领的普遍关注。

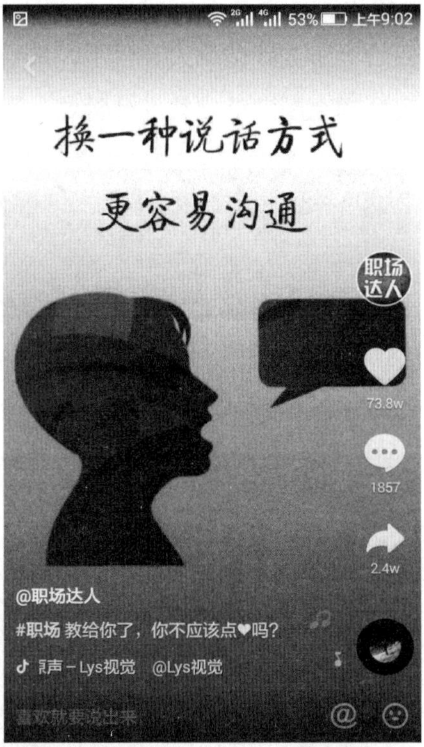

图 6-2 “职场达人”发布的主题价值满满的短视频截图

比如，抖音用户“职场达人”发布的一条主题为“换一种说话方式更容易沟通”的短视频，便向用户展示了诸多说话技巧：把“谢谢”改成“谢谢您”；把“务必”改成“请您”，把“错”改成“不对”，把“我不会”改成“我可以学”，把“随便”改成“听你的”，把“听明白了吗”改成“我说明白了吗”，把“我不知道你说什么”改成“我没听懂”……正是因为该主题充满了价值——不管是在职场上还是生活中，这些说话技巧都非常实用——使得这条短视频获得了73.8万个赞和2.4万次转发，吸引用户留下了1857条评论（见图6-2）。

6.2.2 好主题必定更具专业性

一个好的短视频主题，必定是专业的，因为专业性能够在很大程度上给予用户一种权威性，而人们往往更愿意关注具有权威性的事物。因此，短视频主题需要包含专业性的因子，让用户能够在第一时间从中感受到你的权威性。

（1）关注小众用户群体。想要让短视频主题更具专业性，最简单也是最高效的一种方法就是关注小众群体。所谓“小众”，是相对于“大众”而言的，小众并非意味着人数量少。相对而言，针对小众用户群体的主题往往更具深度，更有吸引力。例如，针对“护士”“钓友”“驴友”等群体的短视频，在主题上就可以聚焦护理技法、垂钓技巧和野外生存技巧等专业主题。

（2）主题要细分。短视频的主题要进行细分，聚焦各个行业、各个岗位，才会显得更加专业。特别是在当前社会分工日益细化的大背景下，人们对细分领域专业知识的需求越来越旺盛，短视频主题能够聚集细分领域，所受到的关注度自然也就更高。

抖音用户“身在职场”发布的《销售十大技巧，这才是销售的精髓》短视频，获得点赞数达67.1万，被转发17.4万次（见图6-3）。这条短视频火起来后，让“身在职场”增粉无数。

图6-3 “身在职场”发布的人气短视频截图

第一，主题受众面广。这条短视频的选题点很符合抖音用户的需求。抖音用户大多数是年轻人，且大多数工资相对较低，从事销售职业的人更是不少。因此这个主题受众面较广，潜在粉丝众多。

第二，内容专业，有特色。短视频主题聚焦销售专业技能，从专业的角度解读销售成功的秘诀，让用户受益良多。另外，这条视频还有固定的格式，并且押韵，很精练且戳中要点，虽然很短但很实用。用户看了就会感觉确实是专业的干货，而且看几遍就能记住。

第三，标题也是爆文式，“简单粗暴”，不过分卖弄文采，直接告诉用户本短视频讲的就是销售的十大技巧。

6.2.3 主题要充满正能量

社会需要正能量，人们渴望正能量，因此，充满正能量主题的短视频所受到的关注度往往会很高。假如你能为自身短视频主题注入满满正能量，那么你便能更高效地吸引粉丝的目光，快速地积累人气。

（1）关注弱势群体。弱势群体在社会上的地位比较低，关注他们的正向言行，往往更能阐述正能量。因此，短视频主题可以更多地聚焦弱势群众的需求，以及弱势群体中的正能量事件。

（2）传播正确的人生观、价值观和幸福观。短视频主题要秉持正确的人生观、价值观和幸福观，要能让用户从中看到社会光明的一面，发现人性之美。

抖音用户“晓辉在路上”发布的一条短视频收获了142.6万人点赞，被转发7777次，吸引用户留下了2.5万条评论（见图6–4）。

图 6–4 正能量主题的短视频截图

这条短视频之所以能够火起来，最关键的一点在于其主题充满正能量。在短视频开头，“晓辉在路上”就点出了“最大的快乐莫过于让别人感到幸福”的主题，满满的正能量，很好地吸引了用户的关注。短短10秒的短视频，向用户传递了满满的正能量：关爱环卫老人，让别人感到幸福。

（1）主题关注了弱势群体。环卫工和老人的双重身份能让更多人关注，更容易吸引粉丝。

（2）主题彰显了人性之美。帮助别人获得幸福才是最美的人性，短视频中彰显出来的这种幸福观、人生观，充满了正能量，触动了人们良善的心弦。

6.3 与粉丝进行实时互动，提高黏性

吸引到粉丝并不意味着万事大吉，还需要不断地和粉丝进行实时互动，提高黏性。否则，粉丝看不到相应的诚意和价值，在情感上会对你产生疏离感，从而取消关注。因此，和粉丝进行有效的实时互动是非常重要的。

6.3.1 话题互动

短视频的重点不在于短，也不在于视频，而在于用户！因此，短视频需要围绕用户来构架，而围绕用户进行构架时，最重要的一点就是互动性，而话题互动则是提升短视频互动性的一种非常高效的方法。

（1）选择互动性强的话题。拍摄美食类的短视频，你可以选择做快手菜；拍摄健身类的短视频，则可以选择教大家无器械健身或办公室健身；拍摄时尚类短视频，可以向大家介绍一些日常服装的穿搭技巧，如“怎样将一条淘宝款牛仔裤穿成潮牌”……这几类短视频本身互动性就极强，因而能够吸引大家模仿、转发、评论。

（2）适当制造一些争议性。话题具有一定的争议性，往往能够在很大程度上提升短视频的互动性，吸引大家更积极地参与到话题讨论中。

抖音用户“【唯】美食分享”发布的一条关于方便面的短视频，因为话题具有很强的互动性，所以迅速地火了起来，在一小时内便收获了28.2万个赞，被转发3630次（见图6-5）。

这条短视频之所以能够火起来，吸引众多粉丝观看、转发、评论，最主要的一点在于其话题具有强烈的互动性。

（1）方便面吃出美食味，这一话题具有非常强的互动性。作为日常生活中很常见的一种备用食物，方便面虽然给予了人们巨大的食用便利性，但是在口味和营养上却乏善可陈。针对这一痛点，其策划的“如何将方便面吃出美食味道”这一主题，便充满了互动性，能激发大家强烈的关注度和参与感。

（2）方便面能做得好吃、做出营养吗？隐藏在话题中的这个深层次的问题，带有很大的争议性。方便面之于人们，除了具有便利性之外，还带来了哪些正面的影响？这种争议性会极大地激发用户的互动欲望。

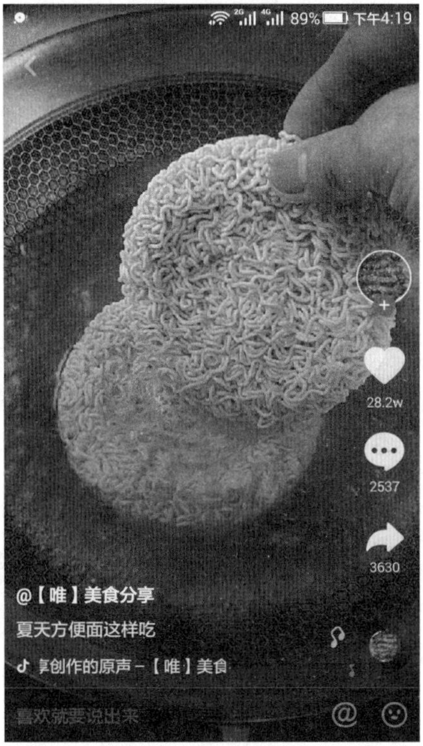

图6-5　“【唯】美食分享”发布的人气短视频截图

6.3.2 评论内容互动

短视频发布之后，粉丝会在评论区发表自己的观点，提出存在的疑问。针对粉丝的留言，你要做好内容互动，及时回复留言，让粉丝感觉自己是被重视的，自己的想法和建议被看到了。如此一来，你就会给用户留下一个良好印象，甚至能推动他们转发视频，帮助你吸引更多粉丝。

（1）在第一时间回复粉丝。要尽可能地在第一时间回复粉丝留言中的问题，以一个“快”字让粉丝产生强烈的好感。回复得越快，代表你对粉丝的重视程度越高，粉丝对你的好感度自然也就会更高。

（2）顺应粉丝期望。有时候，粉丝的评论可能比较尖锐，这个时候你要做的不是针尖对麦芒地进行回复，而是要顺应他们的期望，显示出你按照他们的期望不断改进的决心。简而言之，就是顺着用户的思路进行互动，以营造更加强烈的期待感。

抖音用户“二更”发布的一条短视频获得了83.2万人点赞，吸引用户留下了3.3万条评论。这条短视频讲述了一个做搬运工的女孩的故事，“二更”在短视频中深情地说道：“比起粉底和口红色号，她更熟悉每包大米、生粉的重量。这样坚强的女生，你们敢不敢爱？”

为了最大限度地提升粉丝黏性，“二更”特别重视回复粉丝的留言。如一位粉丝留言“她这样很好”，“二更”便在第一时间回复道：“她一直说，就算现在辛苦，但是还活着，就有希望，不会一直是这样的，总有一天会好的。”这样的回复情感力十足，让粉丝对故事主人公有了一个更加深入的认识，也大大地提升了视频作者在粉丝心目中的形象（见图6-6）。

图 6-6 “二更”和粉丝进行互动的截图

6.3.3 引导互动

所谓“引导互动”，是指在短视频中对用户进行相应的引导，吸引用户更积极地参与互动。比如，你可以在短视频中提出问题，发起讨论。用户可能对你提出的某个问题比较感兴趣，便会进行吐槽，参与评论，如此就会大大提升粉丝的黏性，更好地留住粉丝。

（1）在视频中穿插引导。在阐述话题的视频中，你还可以进行互动性引导，提升粉丝互动的欲望和积极性。比如，你发布了一条制作冰激凌的短视频，你可以在视频中加入一句互动性的话："大家吃过的最好吃的冰激凌是什么口味的？欢迎大家留言互动！"

（2）向粉丝征集创意。你可以在短视频中向粉丝征集某个主题的创意拍摄方法，收集最好的灵感，然后进行加工。这样粉丝就会参与到短视频的创作过程中，他们的参与感自然会爆棚，互动的积极性也会大增。

（3）故意设置一些穿帮镜头。在影视剧里面，穿帮镜头属于低级错误，但是在短视频中，适当穿插一些穿帮镜头则可能会成为亮点，吸引用户进行讨论。因为这等于为用户设置了一个吐槽点，有槽点自然就会有评论！

（4）在短视频结尾引导粉丝关注其他平台。比如，在短视频结尾时显示二维码，引导用户扫描关注你的微信公众号、社群、微博等，和粉丝进行更直接的对话。

6.4 发起活动，增加粉丝的活跃度

将粉丝吸引过来后，假如不做活动，不和粉丝进行积极的互动，粉丝就有可能失去活力，成为"潜水党"或"僵尸粉"。这样一来，粉丝之于你也就失去了转化的意义。因此，必须要尽可能地保持粉丝的活跃度，提升他们点赞、评论和分享的积极性。

6.4.1 发起竞技性、挑战性活动

竞技性、挑战性的活动，在充满趣味的同时，还具有强烈的代入感，能够在很大程度上满足粉丝的好奇心，激发他们的竞争意识。因此，充满挑战、竞技元素的活动往往更能激发粉丝的关注度，提升他们的参与感。比如，发起跳高挑战赛、跳远挑战赛、垂钓挑战赛、攀岩挑战赛，等等。具体要求包括以下两个：

（1）活动要有一定难度。活动必须有一定的难度，这样才能激发粉丝的挑战欲。这类活动最好在标准上“上不封顶”，从而给予粉丝充足的自由发挥的空间。

（2）活动要有一定奖励。既然是挑战性的活动，那么就必须要设置一定的奖励，才能最大限度地激发粉丝的参与感。奖励可以是精神上的，如授予前三名某种荣誉称号；也可以是物质性的，如给予前三名一些物质奖品。

抖音用户“抖”发起了一项“摸高游戏”，因为极具竞技性和挑战性，所以深受粉丝欢迎，发布后收获了144.9万个赞（见图6-7）。

图 6-7　抖音用户“抖”发起的摸高游戏

总的来看，这项活动有以下两个特点：

（1）这项活动设置的得奖标准相对较高——摸到三米给五瓶，摸到“摸高”两个字给十瓶。相对较高的难度极大地激发了粉丝的好奇心和挑战欲，视频也因此获得了很大的关注度。

（2）代入感强烈。相对较高的难度让粉丝观看时产生了强烈的代入感，在不知不觉中“参与”到活动中，和视频中的选手们一同起跳，一起欢呼。

6.4.2 创意众筹活动

所谓“创意众筹”，是引导粉丝汇聚创新思维的一种新颖的活动类型。你可以发起一个创意十足的活动，引导粉丝展示自己的奇思妙想，鼓励他们上传拍摄的相关视频，从而引爆粉丝参与感，促使他们更积极地转发分享。

（1）提出一个富有创意性的活动话题。你发起的创意众筹活动必须要有一个吸引粉丝关注的话题，才能在第一时间吸引粉丝的关注，以激发大家的参与感。

（2）设置明确的活动标准。什么样的创意才算合格？你要给出明确的标准，这样才能让粉丝有一个清晰的方向，才能挖掘出更高质量的创意。

（3）设置吸引人的奖品。有奖品的活动才更能吸引粉丝参与，因此，你的创意众筹活动需要设置相应的奖品，激发粉丝参与和分享的欲望。

图 6–8　“笑笑”发布的新奇独特饮酒法视频截图

江小白发起的“怎样喝‘江小白’才最有感觉”的创意众筹活动，便成功地在抖音上掀起了一股风潮，吸引了众多粉丝发视频展示自己的奇思妙想。比如，抖音用户“笑笑”便发布了自己将江小白喝出沧桑感的视频——他把江小白和雪碧混合在一起，创造出了一种新奇的白酒饮法。因为其想法奇妙，口感独特，所以这条短视频被评为活动的第一名，收获了23.5万人点赞，吸引人们留下了8380条评论（见图6–8）。

6.5 给予实惠，让粉丝因利而来

正所谓“天下熙熙，皆为利来”，如果能够获得相应的报酬和实惠，粉丝会更愿意接近和参与。因此，你想要更好地留住粉丝，提升其活跃度和忠诚感，就必须让粉丝得到实实在在的利益和实惠。

6.5.1 关注公众号能拿奖品、领红包

你可以在短视频开头或者结尾告诉粉丝，关注你的公众号就能收到小礼物，或者能够参加抽奖，又或是有红包拿。

（1）在短视频中设置二维码，方便粉丝快速关注公众号。你可以在短视频的片头、片中或片尾设置二维码，吸引粉丝扫码关注你的微信公众号，使大家能快速地找到你。

（2）奖品要有价值。给予粉丝的奖品要真实、有价值，不能欺骗粉丝，或是拿一些华而不实的东西敷衍粉丝。否则，粉丝会有被欺骗的感觉，甚至因此而对你产生厌恶的情绪。

（3）分享得红包。红包可以设置为分享红包，即只有在其他平台分享之后才能打开。这样一来，红包就成了粉丝传播你的载体，能够帮助你更加快速地打出知名度，吸引更多粉丝关注。

6.5.2 短视频评论抽奖

针对短视频评论进行抽奖，将抽奖名单在公众号上公布。这种给予粉丝实惠的办法，一方面，能够大大提升短视频粉丝的活跃性，粉丝越活跃，你受到的关注就会越高；另一方面，还能大大提升粉丝评论的质量，因为只有那些用心评论的粉丝才有可能被关注，成为幸运儿。

（1）明确抽奖的原则和标准。你必须要明确，什么样的评论最有可能被抽到，这样粉丝发表评论才会有方向。比如：你提出了“精”和“奇”的原则，评论越精辟，越是创新奇趣，被抽到的概率就越大；再如，第9、99、199、299、399个评论的粉丝为奖品获得者；等等。

（2）短视频主题要具有挑战性、趣味性。既然要吸引粉丝积极进行评论，那么你的短视频主题就需要设置得富有挑战性和趣味性，这样才能吸引更多的粉丝关注，才能更好地激发粉丝的参与感。例如，可以设置竞答性的

图 6-9 “一星期掉两百粉”发布的互动型短视频截图

主题，吸引粉丝抢答。

（3）奖品要有吸引力。评论有奖，不能笼统地说一下就过去了，要在第一时间将奖品说出来，让粉丝知道自己可能获得的奖品是什么，这样才能更吸引粉丝关注，才会最大限度地激发粉丝互动的积极性。

抖音用户“一星期掉两百粉”就非常善于利用小礼物、小奖品等实惠吸引粉丝关注，激发粉丝的评论热情。他认为对粉丝而言，小礼物和小奖品代表着一种尊重，一种营造良好关系的期待。

比如，其发布的一条有奖竞猜类短视频便吸引粉丝留下了4.7万条评论，极大地增加了自己和粉丝之间的紧密度（见图6-9）：

（1）设置了一个充满趣味性的主题。这条短视频以“什么物体在动”为主题，邀请粉丝寻找短视频中运动的物体。这种主题充满了游戏趣味性，互动性强烈，自然能吸引大批粉丝参与。

（2）提出了两条非常明确的兑奖规则。在短视频解说中，“一星期掉两百粉”提出了两条明确的兑奖规则。其一，在评论中写出答案；其二，解说理由充分。这样就让粉丝明确了评论的格式和标准，为大家参与评论指明了方向，保证了评论的有效性，也提升了评论的质量。

（3）设置了非常具有吸引力的奖品。“一星期掉两百粉”设置的奖品是三部小米8手机，含金量十足，对粉丝的吸引力非常大，让粉丝看到了“一星期掉两百粉”互动的诚意，大大激发了粉丝参与的积极性。

6.6 营造感情：存在+参与+归属

吸引粉丝，除了用主题、活动以及实际利益锚定粉丝外，还可以利用情感来提升你和粉丝之间的关系黏性，提升粉丝对你的认同感。要知道人是情感类动物，对具有情感的事物会更加认同，更容易为之感动。

因此，你必须善于营造感情，才能吸引更多粉丝关注。

6.6.1 提升粉丝的存在感

马洛斯的人类需求五层次理论指出：人在满足了最基本的生存需求后，会追求更高层次的需求。因此，要想和粉丝之间建立情感连接，你就需要提升粉丝的存在感，因为几乎没有人会对自己感觉不到存在的事物产生兴趣。

那么短视频应该如何提升粉丝的存在感呢?

（1）故意说错、写错。你在短视频中可以故意说错一句话，回答错一个常识性的问题，抑或故意写错一个字，让粉丝抓到你的“把柄”。粉丝在发现你的错误后，会在评论区纠错，如此一来，粉丝找到了自己的存在感，而你也提升了人气，和粉丝之间在情感上就有了更强的连接。

（2）故意选择有争议的话题。短视频的话题有一定的争议性，才能更快速地吸引粉丝参与到话题的讨论中，提升他们的存在感。因为有争议的话题往往更能激发粉丝抛出各自的观点，这些观点的碰撞会大大提升粉丝的存在感，让他们对你产生更加强烈的印象。

抖音用户“闹闹”发布的一条短视频就因为话题具有一定的争议性而吸引粉丝点赞14.7万次，并留下了5635条评论（见图6-10）。

在这条短视频中，“闹闹”提出了一个很有争议性的话题，即农民工到

图 6-10 “闹闹”发布的短视频截图

底需不需要帮助？针对这一话题，评论中出现了两种截然不同的观点：一种认为农民工属于弱势群体，需要大家在力所能及的范围内给予帮助；另一种却认为这种帮助很伤农民工的自尊心，并不值得提倡。这两种观点的碰撞，使得短视频更具思想性和互动性。

（3）故意留下“缺口”的开放性问题。你在短视频中所提出的问题可以是开放性的，适当留下一个“缺口”，让粉丝来补充，这样会大大提升粉丝的存在感。例如，你可以在短视频中这样提问：国足胜利了，你有什么话要说？你最喜欢的一句歌词或者台词是什么？你知道中秋节最适合赠送什么礼物吗？最能唤醒你记忆的一句话是什么？

6.6.2 以参与感强化情感连接

让用户参与进来，能够最大限度地满足年轻人“在场介入”的心理需求，提升他们对你的认知度和好感。简而言之，就是有参与才有体验，有体验才有情感点赞，才能在粉丝参与的过程中强化他们与你的情感连接。

提升参与感就是开放拍摄短视频的过程，让粉丝参与进来，建立一个可以接触、可以拥有，能够和粉丝共同成长的品牌！参与感能够扩散的背后是“信任背书”，是弱关系向更好信任度的强关系进化的过程。

（1）开放参与节点。将拍摄短视频的过程向用户开放，筛选出能让你和粉丝双方获益的节点，双方获益的参与互动才更持久。例如，向粉丝征集短视频的创意、主题等，吸引粉丝参与到短视频创作的过程中。

（2）设计互动方式。根据开放的节点进行互动设计，互动建议遵循“简单、获益、有趣、真实”的设计思路，这样才能吸引更多的粉丝关注和参与。

（3）扩散口碑事件。你需要先筛选出一批最认同短视频的粉丝，小范围内发酵参与感，将基于互动产生的内容做成话题和可传播的事件，让口碑产生裂变，吸引更多的粉丝参与，同时可最大限度地放大已参与粉丝的成就感，让参与感形成螺旋扩散的风暴效应。

6.6.3 有归属，才能成为情感家园

只有让粉丝产生归属感，你和你的短视频才能成为粉丝心中的情感家园。因此，你的短视频要给予粉丝归属感，要能让粉丝找到家的感觉，抑或让粉丝在情感上产生强烈的认同感。

（1）营造一种情怀。情怀是归属感的灵魂，很多时候，正是受到某一情怀的感染，粉丝才会对某一平台抑或某个人产生亲切感觉，继而产生浓厚的归属感。因此，你和你的短视频要想在粉丝心中更具归属感，就必须营造一种情怀，如爱国、怀旧、执着、无畏等。

①将个人偶像化。将个人进行偶像化包装，你就可以轻松地打造出某一情怀，如苹果的乔布斯、小米的雷军，都依靠偶像化的个人打造出了特有的情怀。

②年代。聚集某个年代的人和物，追忆历史，缅怀逝去的美好，也能营造出怀旧的情怀。

③青春。人人都曾经历过青春的美好，都希望永远处于青春的怀抱，你的短视频可以聚焦人们的这种青春情怀，再现和青春有关的人和事。

今日头条用户“一个人穷游中国”所发布的短视频，因拥有一种不羁的情怀而吸引了大批粉丝的关注，截至2018年9月25日，其已拥有粉丝56万名。

“一个人穷游中国”立志走遍中国大地，小到县城大到都市，都留下了他的身影。他发布的视频都是他在各地的见闻，包括各地的饮食和人文风

俗，为大家真实生动地展示了中国各地的文化差异（见图6-11）。

图 6-11　“一个人穷游中国”发布的视频截图

“一个人穷游中国”和他发布的短视频中所表现出来的这种“敢于只身走天涯”的情怀，深深地吸引了大家的目光，使用户产生了强烈的代入感。大家通过观看他发布的视频，仿佛自身也摆脱了枯燥的工作和快节奏的生活，置身于中国的大江南北。

（2）展现一种人文关怀。你和你的短视频需要表现出一种人文关怀，要让粉丝感受到自身受到了尊重、重视，拥有了安全感，获得了价值。

①让粉丝看到自己的身影。要让粉丝从短视频中看到自己的身影，这样才能营造出强烈的归属感。你可以立足生活和工作，向粉丝传递一种人文关怀，如“作为房奴的你还好吗？”“绩效考核下你如何才能快快乐乐？”之类的话题，就很能吸引粉丝关注，让粉丝产生归属感。

②构建心灵上的安全感。你和你的短视频要给予粉丝一种心灵上的安全感，因为只有有了安全感，粉丝才更容易产生归属感。如可以发布一些关于心理学话题的短视频，帮助粉丝更好地平衡理想和现实，更好地面对内心的矛盾，等等。

③打造仪式感。当你的短视频具备了仪式感，就会让粉丝感觉更有趣、更有归属感。因此，你需要更好地打造短视频的仪式感。这就需要你在拍摄的时候多拍一些运动镜头，如平移、推拉、震动、环绕等；另外，还需要找到音乐的鼓点、转场卡点加音效。

6.7 在对的时间与频率遇上对的粉丝

有了好的主题和内容，还需要找到好的时机和频率，短视频才能在最正确的时间出现在用户眼前，才能保证用户在第一时间看到短视频。

6.7.1 从碎片时间中挖掘最好的发布时机

所谓碎片时间，是指在人们的工作和生活中，计划外的时间抑或比预计时间提前完成某项工作后剩余下来的时间。一般而言，碎片时间就是没有安排任何工作、未被计划的时间，这些时间因为零散、无规律，所以显得异常零碎，因此被称为“碎片时间”。

人们在碎片化时间通常会感到无聊，会想找点事情做以打发时间。随着移动互联网时代的到来，人们越来越多地把碎片化时间交给了网络，刷视频打发时间。抓住了人们的碎片化时间，你的短视频就能找到最好的发布时机。

（1）乘坐交通工具时。人们在乘坐交通工具的时候往往会觉得无所事事，因为这部分时间往往是较大的碎片时间之一。例如，每天上下班过程中，你可以非常明显地观察到公交车或者地铁里绝大多数人在盯着自己的手机屏幕。因此，短视频发布的最好时间段应该和人们乘坐交通工具的主要时间段重合，特别是和人们上下班的时间重合，这样就能让人们在第一时间看到你发布的短视频。具体而言，上午8:00~9:00、中午12:00~14:00、傍晚18:00~20:00，是人们乘坐交通工具的集中期，这也是你发布短视频的最佳时间段。

（2）睡前时间。晚饭后到睡前的这段时间是一个人一天中最大的一块碎片时间，在这段时间，人们忙完了一天的工作，时间比较充裕，娱乐意愿更加强烈，会更愿意在短视频平台上“冲浪”。所以集中在这段时间发布短视频，让用户在第一时间看到的概率会大大提高，更容易提升人气。具体而言，睡前时间通常指20:00~23:00。

6.7.2 发布频率决定你和用户的距离

短视频发布的频率决定了你在用户眼中的曝光度，发布频率越高，和用户见面的次数就越多，那么被用户记住的概率也就越大。这就好比朋友之间的往来，互动的次数越多，彼此间的关系就会越熟络、越稳定。因此，你需要固定短视频的发布频率和发布时间，稳定和用户“见面”的次数。

（1）每天发布。对有条件的短视频拍摄者，要尽可能地保证每天发布一次或两次，而且要固定每天的发布时间，如每天上午10:00发布，这样就能每天给予用户价值，在持续互动中提升短视频在用户心中的地位。

（2）隔天发布一次。你可以间隔一天、两天，或者三天、四天发布一次，力争将主题、内容、画质做到最好，以质量弥补数量上的不足。

（3）每周发布一次。每周在固定的时间发布一次短视频，间隔的时间虽然长，但是却可以使用户形成一种期待感。需要注意的是，这种发布频率需要以优质的短视频内容为基础，只有优质的内容才能让用户念念不忘。

6.8 只有稳定更新，才能留住粉丝

对于用户而言，以前每天都会去新浪、网易、腾讯等网站上看一下当天的新闻，这些网站每天都会更新，为大家带来最新的讯息。假如隔一两天没有更新，那么用户便会产生一种失落感。而用户能够一直看到你的话，那么他们久而久之便会养成一种习惯，会成为你的粉丝，甚至是“铁粉”。因此，只有稳定地更新，才能留住粉丝，才更容易获得“铁粉”。一般而言，

做到日更最好，如果无法保证日更，也要尽可能做到周更。假如做不到这一点，那么你的粉丝就会很快忘记你。

6.8.1 组建一支短视频制作团队

想要稳定更新短视频，依靠个人单打独斗显然是不现实的，因为一个人即使能力再强，精力再旺盛，也有穷尽之时。所以，你需要组建一支短视频制作团队，依靠团队的力量做到周更、日更，从而保证曝光度，以持续稳定的输出打造强IP。

（1）确定好团队成员角色。一支优秀的短视频制作团队，成员应该包括四种角色：首先，必须有短视频编导；其次，要有短视频摄影师；再次，必须要有剪辑师；最后，要有短视频的运营。

编导，顾名思义，就是确定短视频方向、脚本以及拍摄计划的人。

摄影师，主要职责是设计镜头、采光以及拍摄短视频。

剪辑师，主要职责是在视频拍摄完成之后对其进行剪辑，将整个视频压缩在2~3分钟甚至是1分钟之内。

运营，主要职责是在视频剪辑完成后，对其进行推广，维护粉丝关系，组织粉丝互动，打造口碑形象。

（2）编导必须要“全能”。由于编导掌握着短视频的主题和方向，所以这一角色必须要“全能”，如策划、镜头、脚本拍摄、剪辑、包装、上镜等，都需要多少涉猎一些。简而言之，编导就是短视频拍摄团队中的全能型人才，不仅需要紧盯策划和镜头，还需要掌握拍摄所涉及的各个领域的知识和技能。

（3）找到一个好的摄影师，短视频就成功了一半。摄影师好不好，直接关系到短视频的成本和质量，因为一个好的摄影师能够降低剪辑的成本，拍摄出优良的画质。想要做到这一点，摄影师也应该全能，和短视频相关的知识都需要了解一些，精通镜头和脚本，精通拍摄。

（4）定义剪辑标准，让内容团队参与。在短视频拍摄团队中，剪辑师是必不可少的存在。想要让剪辑师剪辑出完美的作品，你需要让内容团队定义出剪辑标准，告诉剪辑师哪里是重点，要保留，哪里又是衬托，可以剪掉。这样一来，剪辑师和内容团队无缝对接，避免了闭门造车，所剪辑出来的短视频才更加契合主题和脚本。

（5）运营一定要会剪片子。想要做好运营，必须要具备一定的剪辑知识。因为运营不会剪片子，就像做图文不会写稿子一样，你对短视频的了解就只能停留在表面，而不是深入“骨髓”。

6.8.2 稳定主题和发布时间

稳定的更新能让你和粉丝产生良性互动，会使粉丝形成强烈的期待感。稳定的更新除了需要一支稳定而又充满才华的短视频创作团队外，还需要固定短视频的主题和发布时间，这样才更容易让粉丝形成期待感。

（1）稳定短视频主题类型。稳定的更新，首先需要稳定主题类型，将短视频主题始终保持在某一领域，让用户心中为你和你的短视频贴上某一标签。假如主题不统一，今天关注这个行业，明天关注那一领域，则会让用户抓不住中心，觉得你的短视频没有深度。

（2）固定短视频发布时间。在每天或每周固定的时间发布短视频，会在用户心中形成一种持久的期待感，引导用户在固定的时间登录平台点击观看。而若不固定发布视频的时间，则会让用户生出杂乱感，不易产生期待感。

第 7 章

做推广：短视频时代，比的就是谁更会搞营销

移动互联网时代，早已不是“酒香不怕巷子深”。制作一条好的短视频之后，要尽最大的努力做好推广，做好营销。因为只有最大限度地提升短视频的曝光率，使其覆盖更多的地方，它火爆起来的可能性才会变得更高。

7.1 把你的通讯录熟人都变成你的粉丝

通讯录中保存着你的亲朋好友、同学、老师、领导、客户等人的联系资料，要把它变成你人际关系的花名册。更为重要的是，通讯录中的绝大多数人和你的关系都比较紧密，你们彼此间会经常联系，过年过节会相互走动问候。因此，通讯录上的人对你更为信任，更愿意相信你说的话，也更愿意支持你的行为。

因此，当你想要推广你的短视频时，首先要考虑的就是将通讯录中的熟人变成你的粉丝，将他们打造成你的“铁粉”。这类粉丝对你而言将是最忠诚的推销员，相对于其他人，他们会更愿意包容你、信任你，更容易和你进行互动，转发分享你的短视频，并且会向身边的人宣传、推荐你的短视频。

那么如何快速地将通讯录中的熟人变成你的粉丝呢？以抖音为例，通过以下方法可以快速地将通讯录中的熟人变成你的粉丝。

（1）打开抖音首页，点击右下角的“我”（见图7-1）。

（2）点击“我”之后，进入你的抖音个人界面，在图像右侧有通讯录的标志，点击打开（见图7-2）。

（3）点击通讯录图标后，便进入“邀请好友”界面，有三种邀请好友关注的方式，分别为“从通讯录导入”“邀请QQ好

图 7-1 抖音首页截图

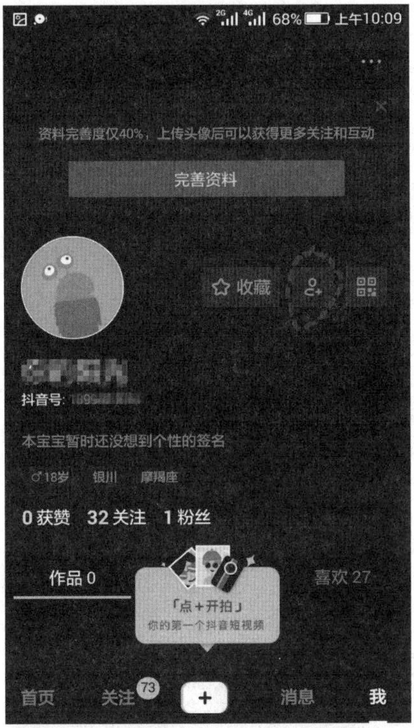

图7-2 抖音个人界面上的通讯录图标

图7-3 抖音添加好友界面

友”“邀请微信好友”，你可以分别进行操作，从手机、QQ、微信通讯录中批量添加好友（见图7-3）。

（4）以从手机通讯录添加好友为例，点击“从通讯录导入”后，进入“通讯录”界面，显示手机通讯录中熟人在抖音上开通的账号，点击后面的“关注”即可（见图7-4）。

关注之后，你可以通过电话、短信、微信等方式，联系对方，提升对方对你的关注度，这样你就可以快速地将通讯录中的熟人变成你的粉丝。

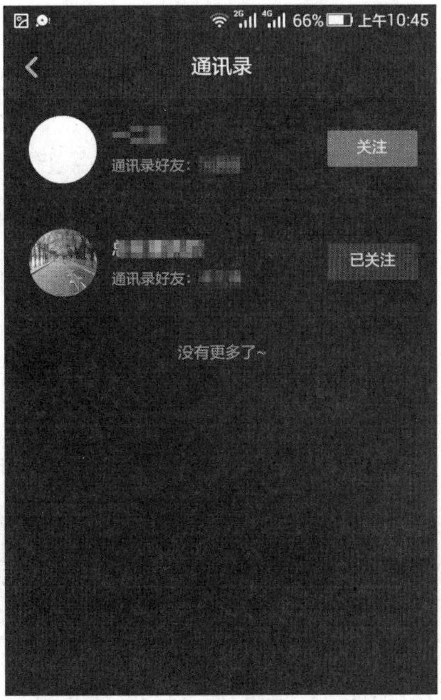

图7-4 “通讯录”界面

7.2 善用分享功能，有多少平台就分享多少

想要最大限度地推广你的短视频，你还可以利用平台上的分享功能，通过分享将你的短视频传播到尽可能多的平台上，将短视频搬到更多舞台上，面对更多的观众。如此，只要你的短视频主题鲜明，内容有吸引力，那么自然会被越来越多的用户所认可，火起来的概率才会变大。

7.2.1 站内好友

很多平台的分享功能内都存在“站内好友”选项，意味着你可以通过分享功能分享给你在平台上的好友。以抖音为例，当你点击分享功能内的“站内好友”选项时，便会进入“选择一个联系人”界面，该界面显示的都是你在抖音上关注的好友。当你点击一个想要分享的好友时，便会显示出“私信给”的界面，你可以通过该界面给对方发私信，分享你的短视频（见图7–5）。

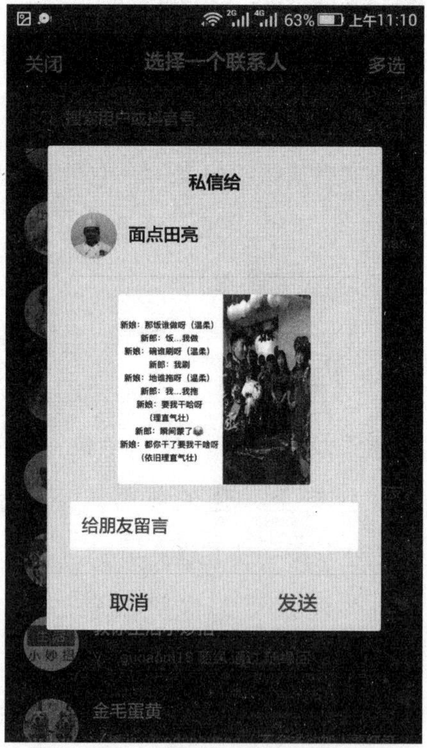

图 7–5 抖音“私信给”界面截图

（1）选择人气较高的好友。在转发之前，你可以先考察一下谁的人气较高，谁在平台上较活跃，然后列出一个人气较高的站内好友名单，一一进行转发。因为人气越高，被对方再一次转发分享后所产生的影响力也就越大。

（2）选择关系较铁的好友。在平台上谁和你互动较频繁，谁和你较有默契，就将你的短视频分享给谁。因为这类平台好友继续分享推荐你的短视频的概率会很高，有助于你的短视频被更多用户所熟知。

7.2.2 微信朋友圈

微信作为当前主流的社交平台，拥有庞大的用户基数，而基于微信庞大用户基数的朋友圈，更是人们日常社交的主要阵地。所以微信朋友圈是你的短视频最主要的分享阵地，做好这一点，可以在很大程度上将短视频推广到更广阔的空间。

以抖音为例，想要将视频分享到微信朋友圈，可以按照以下几步进行操作：

（1）点击短视频分享功能，在“分享到”界面点击“朋友圈”。随后会弹出“继续分享”界面，该界面会提示你“由于微信朋友圈分享限制，请到朋友圈上传视频来分享。你还可以通过多闪一键分享视频，无须等待上传，和好友一起体验更自由的社交平台”（见图7-6）。

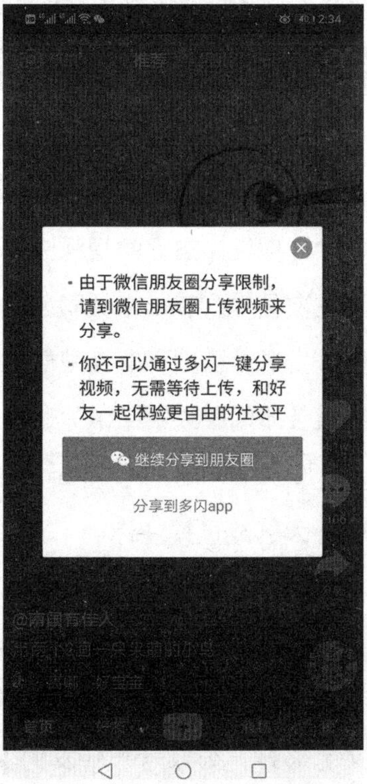

图 7-6 “继续分享”界面截图

（2）打开微信朋友圈，从相册中选择要分享的短视频。假如短视频时长超过10秒，则需要对短视频进行再编辑（见图7-7）。

（3）点击右下角的“编辑”按钮，将短视频进行编辑后，点击“完成”按钮，便会进入朋友圈内容编辑页面，在该界面写下你想要表达的想法，点击“发送”按钮，短视频就能分享到微信朋友圈中了（见图7-8）。

图 7-7　短视频编辑页面截图

图 7-8　朋友圈内容编辑页面

另外，你还可以利用微信群推广你的短视频。在你已经加入的一些微信群中定期发布自己的短视频消息和视频，增强你的存在感和曝光率。当然，这和朋友圈推广有一个共同之处，那就是选择视频发送时，要有质量，同时不能频繁发送，否则可能会被群主踢出群。同时也要注意时间点，一般选择在晚上的黄金时间段或中午午休时段发送，这样可以调动人们观看的积极性。

此外，你还需要不断加入一些大群，蹭流量，在互动中发布抖音内容，引导大群成员关注你。

除了朋友圈和微信群之外，你还可以利用公众号推广。在有必要时，你还可以创建你的专属公众号，然后在公众号内定期发布抖音视频或优质文章。这样会使你的短视频显得更加高端，吸引更多优质用户关注。如果你的文笔够好，公众号被转发的次数就会越来越多，那么你的知名度也就会越来越大。同时，还可以和一些其他的公众号合作，一起提高短视频曝光率。

7.2.3 微博

微博是当前最具影响力的消息发布阵地，是社会各行各业精英较为集中的社交平台之一。因此，将短视频分享到微博，可以在很大程度上提升其曝光度，吸引更多粉丝关注。更重要的是，你还可以利用微博的转发功能，进行二次分享传播，从而制造出更强大的“病毒效应”。

以抖音为例，要想将你的抖音短视频转发到微博上，你只需要进行以下操作即可：

（1）在分享功能内点击“微博”，之后便会跳转到“继续分享”页面，提示你所要分享的短视频已保存至相册，请到微博上传视频来分享（见图7-9）。

（2）点击“继续分享”，页面就会跳转到微博。点击微博页面右上角的“+”，选择视频标志，从相册中选择保存的短视频，然后点击右上角的“下一步”，跳转到微博内容编辑页面。写下你想要表达的内容，点击“发送”，你的短视频便会被分享到微博上（见图7-10）。

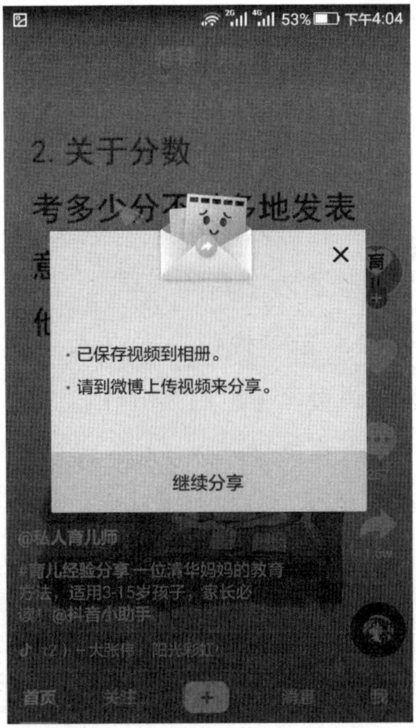

图 7-9 “继续分享”界面截图

图 7-10 微博内容编辑页面截图

7.2.4 QQ空间

很多人都觉得QQ空间已经过时，用户流失严重，所以在QQ空间做推广的意义不大。其实不然。调查显示，当前QQ空间依然活跃，特别是年轻人喜欢在QQ空间发布说说，展示自己的生活状态和梦想。因此，QQ空间是向年轻人推广短视频的极佳阵地，将你的短视频转发到QQ空间，可以拉近你和年轻人之间的距离。

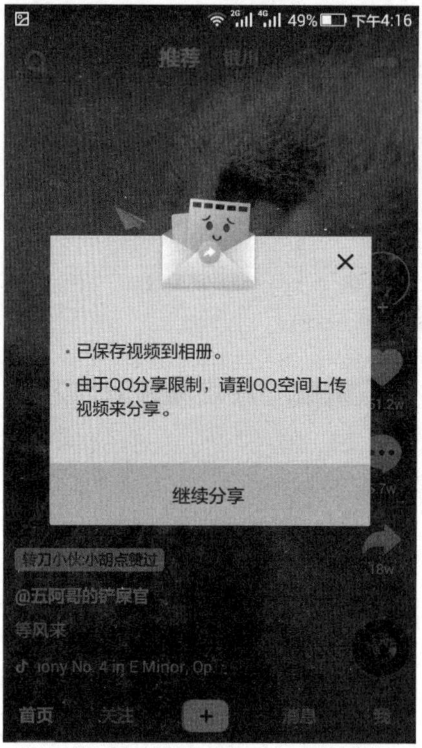

图7-11 短视频分享到QQ空间的“继续分享”页面截图

以抖音为例，如何才能将你发布在抖音上的短视频分享到QQ空间呢?

（1）在抖音短视频分享功能中点击“QQ空间”，之后进入“继续分享”页面，提示你短视频已经保存至相册，“由于QQ空间分享限制，请到QQ空间上传视频来分享”（见图7-11）。

（2）点击“继续分享”，跳转到QQ页面，点击右下角的“动态”，进入“动态”页面，之后点击左上角的“好友动态”，进入QQ空间。进入QQ空间之后，点击右上角的“+”，在弹出的页面中点击“说说”后进入“说说”内容编辑页面（见图7-12）。

（3）点击“照片／视频”按钮，从弹出的选项中选择“从手机选择”，进入手机相册，选择保存的短视频，之后进入“裁剪”页面，点击“完成”，点“视频上传”完毕。然后你可以写下拍摄短视频的心得，谈谈自己对短视频内容的看法，点击右上角的“发表”，即可将短视频分享到QQ空间（见图7-13）。

图 7-12　QQ 空间说说编辑页面截图

图 7-13　短视频上传到 QQ 空间截图

7.3 每个热点都是自己的推广机会

在这个注意力稀缺的时代，每天进入人们视野中的信息都非常多，但是能够引起人们关注的却很少；能够成为话题、被人们广泛讨论的信息则更为稀缺。可见，短视频推广的一个难点就是用户可能因为注意力过于分散而忽略了你发布的视频。

迈克尔·戈德海伯说：“现在金钱开始与注意力一起流动。更通俗地讲，在经济转型之际，原有的财富将更自然地流向新经济的持有者。”简单地说，在当前，谁能最大限度地吸引大家的注意力，谁就能赢得更好的口碑和利益。而热点就是吸引大家注意力的最佳借力点，谁能将短视频和热点完美地结合，谁就能更快速地吸引大家的注意力，更快速地火起来。

7.3.1 热点是什么东东

短视频需要借助热点才能更好地吸引大众的注意力，为人们所关注、熟知。那么热点具体是什么呢？一般而言，热点可以分为两种：一种是可以预见的热点，如各种节假日、各种确定下来的赛事、时政大事等；另一种是不可预见的热点，是突然爆发出来的，如各种突发事件。

（1）热点必须要有大范围的影响力。它不能是小范围的，不然影响力有限，受到的关注自然也有限。你可以通过关注各大网站新闻排行榜、微博话题排行榜、每日头条热搜、百度贴吧等搜集当前的热点新闻和话题。

（2）热点必须要有实效性。热点不能是“过时”的，假如你所借势的热点已经被贴上了“历史事件”的标签，那么即使其曾经具有巨大的影响力，也会因为时效性不佳而难以在当前再次引发关注。简而言之，热点必须是最新鲜的，若发生在一小时内最佳。

7.3.2 蹭热点的正确方式

既然热点自带巨大的关注度和人气，那么短视频应该如何蹭热点呢？

（1）蹭热点时，要让创意保持在高水平上。短视频不能只生硬地蹭热点，需要每次都能产生绝妙的创意，通过高水平的创意让用户逐步加深对短视频的认知和印象。

①反客为主。热点出现了，不能为短视频生硬地扣上热点的帽子，而是要主动研究热点，反客为主，抓住短视频和热点的相似之处做文章。

“霸座男”“霸座女”热点事件出现后，抖音用户“跟谁学”便在第一时间发布了《你没素质的样子真丑》的短视频，为大家深入地剖析热点事件背后的道德问题，呼吁人们提升自身素质和修养，维护社会道德底线。

这种反客为主的创新，将鲜明的批判色彩呈现在了用户眼前，说出了大家的心声，呼应了人们的诉求，所以刚发布半小时就获得了1.5万个赞（见图7-14）。

②抛砖引玉。在热点基础上抛出你的新观点，展现你的创意行为，而不是重复热点，也不是人云亦云，老生常谈。如此，你的短视频才能为用户呈现出新的东西，其在用户眼中才更具创新色彩。

国庆节将临，七天假期成为人们关注的热点。在大多数人将关注焦点锁定在去哪儿游玩的时候，抖音用户“明明”却在此基础上更进一步，将关注焦点锁定在“出游的时候手里拿着自己制作的五星红旗会是什么感觉”的话题上，其发布了一条如何剪裁出国旗和五角星的短视频。因为在热点的基础上进行了创新，所以这条短视频在发布3个小时后，便收获4.1万个赞，被转发6738次（见图7-15）。

图 7-14 “跟谁学”发布的短视频截图

图 7-15 “明明”发布的短视频截图

（2）提炼热点正能量属性。蹭热点，需要弘扬热点所展现出来的正能量属性，这样才能最大限度地提升短视频的关注度。因为不管何时、何地，正能量永远都是人们的关注点，是最能引发人们情感共鸣的存在。

每年的11月11日，最初因为数字带有四个“1”而被网民戏称为“光棍节”，很多媒体年年都会围绕这个话题来制造新闻，以取悦读者。自从“双十一”购物节问世后，“光棍节”话题的关注度便逐渐下降，大家更喜欢讨论的是“剁手”的话题。购买了太多东西，花掉了好多钱，后悔得想剁手，但又控制不住自己“买买买”。于是，那些购物狂被称为“剁手党”，关于“剁手党”的笑话也成了每年11月11日的热点话题，各种短视频都会利用这个热点来提升自身人气，推广自己。

那么，这个热点可以提炼出什么正能量属性呢?

①“剁手党”现象背后的心理学原理。为何“剁手党”层出不穷? 你的短视频可以从心理学角度进行分析。

②“剁手党”的涅槃重生。如何才能抵制住诱惑? 你的短视频可以为用户提供实用可行的解决方案。

（3）尽量不要“选边站”。因为很多热点事件后期的发展可能会比较曲折，你不知道什么时候会出现反转，假如你的短视频在一开始就“选边站”了，就很有可能因为事件后期的反转而批判错对象，甚至是站在社会的对立面。因此，短视频在蹭热点的时候要尽量做到不站队。

7.4 借助KOL力量为自己做宣传

KOL是Key Opinion Leader的简称，意思是关键意见领袖。要想更好地推广你的短视频，就要善于借助KOL的力量，因为KOL能够发挥社交媒体在覆盖面和影响力方面的独特优势，其粉丝黏性很强，粉丝在价值观等各方面都很认同KOL。因此，KOL的推荐是带有光环的，粉丝会认为其推荐更权威、更专业，也就更愿意为其点赞和转发。

需要注意的是，KOL和网红是有区别的。KOL是在某些领域具有很大的影响力、号召力的账号。这类账号可以是真实的名人，也可以是二次元形象，甚至是一个兴趣，一种爱好。简而言之，KOL一定具有领域内的专业知识，发布稳定而有见地的内容，拥有某种兴趣或者天赋标签。

7.4.1 短视频KOL推广的两大误区

想要做好短视频KOL推广，影响更多的用户，首先需要认清KOL推广的两大误区，避免在今后的推广工作中掉入类似陷阱。

误区一：我没有什么KOL人脉，做不好KOL推广。

短视频推广所需要的KOL资源并非一定是明星名人，你身边的在各个行业有话语权的朋友都可以看作KOL。比如，企业家、记者、自媒体达人、劳模、先进教育者，等等。这些KOL资源需要你在生活和工作中不断发现、积累，并有计划地接触。

（1）每天抽时间和你的一些朋友互动，这些朋友不一定是行业大佬，但必须在各自领域有一定的积累。

（2）寻找机会和行业名人互动。如果你有计划、有动机，那么你总会找到机会接触到一些行业内的有成就者，之后要和他们搞好关系。

误区二：找大明星效果就好。

很多人在做短视频KOL推广时，会想当然地认为找大明星做推广，效果就一定会很好，他们的理由是“大明星影响力大，粉丝多”。其实不然，在很多时候，虽然你花费了大量的金钱找大明星做推广，但是最终却发现很难达到你的预期效果。因为你找明星，别人也找明星。短视频能否得到更大的曝光度，除了明星效应之外，还和你有没有好的推广方案有很大关系。

因此，明星资源还需要和好的推广方案以及好的时机、好的短视频结合，才能达到最好的推广效果。好的推广方案，简而言之，就是能够让你的

KOL资源达到四两拨千斤的效果。

7.4.2 短视频KOL推广的三大方法

想要做好短视频KOL推广，顺利高效地达到预期推广效果，你可以结合自身实际情况，灵活运用以下三种方法。

方法一：付费投放KOL做软植入。

提起KOL，很多人首先想到的是微博、微信上的大V、红人、段子手等，而这些KOL里面有很大一部分是明星、名人。因为这些明星、名人粉丝众多，出门吃饭或者穿衣打扮都会引来围观，所以借助他们推广短视频是一个不错的方法。需要注意的是，明星、名人要和你的短视频主题或内容在气质上相同或相似，这样才能充分借用明星、名人的人气，达到预期的推广效果。另外，应尽量避免与负面明星、名人合作。所谓负面明星、名人，是指那些有过劣迹的明星、名人，其形象在一定程度上已经崩塌，与其合作，你需要承担的风险将会增大。

（1）根据短视频的主题、内容，找到用户群。你需要弄明白，你的短视频的主题和内容侧重于哪些领域，最容易吸引哪些用户观看。比如，你的短视频聚焦美妆行业，那么用户群就多以90后、00后年轻女性为主，她们十分乐于尝试流行元素。

（2）根据用户群找到合适的KOL。确定了短视频的用户群，你就需要根据其特点和喜好寻找最契合的KOL，只有找到与你的短视频各方面都契合的明星、名人，才能最大限度地利用明星、名人效应，达到最佳的推广效果。比如，你的短视频主题和内容以女性用户为主，那么你就可以找一些男明星进行推广。

（3）创意推广文案。短视频的推广还必须有创意文案的支撑，要避免老生常谈，避开用户群体的审美疲劳区，以富有创意的文案让用户眼前一亮，这样才能达到借助明星、名人推广的最佳效果。

方法二：寻找行业权威、达人。

假如你自身实力有限，不具备付费找明星、名人推广短视频的条件，那么你可以寻找行业权威、达人做推广。只要你仔细寻找，你就会发现你身边其实有很多小KOL，他们可能不像明星、名人那样，拥有巨大的流量包和影响力，但是这些小KOL在其自身所在的圈子里也很有能量，有着相当强的权威。比如，企业家、自媒体达人、行业达人、资深记者、优秀教师、活跃微信群创建人、大型QQ群群主，等等。

社交电商从业者王建在推广自己的短视频时，就特别善于利用KOL的流量包。他将身边的KOL分为A、B、C三个等级和各个不同的领域。

A类是他所在城市与他有联系的知名和资深专业达人，借助他们在各个行业内相对权威的形象能吸引更多用户关注，帮助提升短视频的影响力和知名度。

B类则是他认识的自媒体达人及记者朋友。比如，他的一位朋友从报社辞职后，创办了一个微信公众号，人气非常高。他便联系这位朋友，在上面做短视频的推广文案，吸引了大批粉丝登录抖音关注他的账号，他的短视频转发量也有了很大的提升。

C类是他认识的教师、QQ群主、百度贴吧吧主等。借助他们的行业，利用他们的学生人脉及群内和论坛资源等进行推广。

方法三：自产KOL。

正所谓“求人不如求己”。借助KOL资源再顺利，也不如自身掌握KOL资源方便。所以，你要有将自己或者亲人、员工打造成KOL的目标和计划，通过积攒优质内容和策略性的曝光，自产KOL其实并不太难。

（1）掌握目标用户群体的聚集区，选择最恰当的平台。当前，各种社交平台层出不穷，如微信公众号、微博、QQ空间、贴吧、豆瓣小组等，你需要选择哪些平台作为你打造KOL的主阵地呢？其实这个问题很好解决，你的短视频目标用户群体聚集在哪个平台，你就选择哪个平台作为主阵地。比如，你的短视频以年轻人为主要用户群体，那么你就可以将QQ空间、微信公众号作为打造KOL的主要阵地。

（2）贴上垂直标签，长期、稳定地输出品质较高的专业知识。在你建立的垂直社区、社群中，你要能长期、稳定地给予大家价值，和大家进行频繁互动，交流专业知识和技巧。久而久之，你就会成为KOL。

7.5 参加自家平台发起的活动

短视频推广除了要利用好你身边的各种渠道和资源之外，还需要依托短视频平台，参加平台发起的各种活动。要知道平台本身就是一个巨大的流量包，当你积极主动地参与各种活动并且能够在活动中崭露头角时，你的账号和短视频自然会万众瞩目。

7.5.1 发现平台活动

想要参加各个平台的活动，你必须首先能够发现平台的活动，否则就会和平台活动失之交臂。那么，如何才能快速地发现平台的活动信息呢?

以抖音为例，可以按照以下步骤查看到平台活动信息。

（1）关注平台官方账号。各个平台都会开通自己的官方账号，如抖音的“抖音小助手”（见图7–16）。

（2）关注官方账号之后，在平台首页找到“消息”按钮，点击后进入消

图 7–16　抖音官方账号“抖音小助手”截图

息界面，其上会显示各用户给你发送的消息。点击“抖音小助手”，就会显示抖音官方组织的各种活动的信息（见图 7-17）。

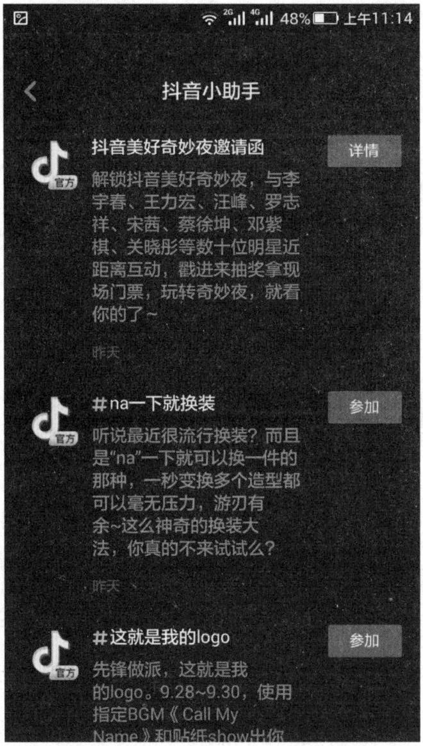

图 7-17　抖音的活动消息页截图

7.5.2 做好平台活动的“无双秘籍”

找到平台活动信息后，你应该如何行动，才能做出最符合活动要求、最具竞争力的短视频呢?

（1）吃透活动要求。

想要在平台举办的各类活动中一鸣惊人，打出知名度，提升人气，必须要吃透活动的各项标准和要求，这样你制作出来参加活动的短视频被平台认可和推荐的概率才会变大。假如你忽视甚至无视平台活动的要求和规则，就有可能因为不符合活动规则而竹篮打水一场空。

①清楚平台活动的目的。平台举办这一活动的目的是什么？也许你觉得这个问题和你无关，其实不然。弄清楚平台举办活动的目的，有助于你更精准地把握参与活动的短视频的选题方向，让短视频主题更突出，更容易被平台关注，从而能从众多参与活动的短视频中脱颖而出。

②搞清楚平台活动的规则。你需要一条条列出活动的规则和要求，才能找准参与活动的正确入口，确定参与活动的短视频的内容。切忌对平台活动的规则认知“差不多”，一知半解。

抖音平台国庆节推出的“一起去看人山人海”活动：每年国庆长假，热门旅行地都热闹非凡，就算人山人海，也不能阻挡大家出游的脚步，毕竟国庆一年等一回啊，不好好把握机会，怎么对得起辛苦一年的自己！今年你在哪儿？也穿行在人山人海之中吗？分享你的旅行见闻吧！

“丹姐®丝路春光”在看到消息后，梳理出了活动的目的和规则：

活动目的：展示国庆长假人们争相出游的壮观场面，分享出行的见闻趣事。

活动规则：内容必须是国庆出游见闻，聚焦人山人海场面，要有奇趣或唯美的画面。

在吃透活动目的和规则后，“丹姐®丝路春光”结合自己国庆出游的经历，制作了一条《僵尸集体出动，给你看看你没见过的人山人海》短视频，参与抖音活动。这条短视频展现的是人们国庆期间雨中夜游的场景：昏暗的灯光下，人们披着透明雨衣，缓慢前行，像极了僵尸片中的僵尸，再加上“植物大战僵尸”的配乐，营造出一种幽默奇趣的氛围。因此，在发布一小时内便获得了3万用户点赞，被转发5955次，登上了“一起去看人山人海”的热度推荐榜（见图7-18）。

图 7-18 “丹姐®丝路春光”发布的短视频截图

（2）做出区别度。

想要在平台活动中脱颖而出，被平台重点推荐，参与活动的短视频就必须做出亮点，做出区别度。因为参与活动的短视频不计其数，竞争肯定会异常激烈，在这种背景下，只有与其他短视频有明显的区别度的短视频才能最大限度地吸引用户的目光。简而言之，与众不同，才会万众瞩目。

那么短视频如何做出区别度呢？

①拍出特色，点亮个性。有个性、有特点的人往往会迅速地从竞争者中

脱颖而出，让人们更快地注意到他。参加平台活动的短视频其实也是同样的道理，只有拍出了个性和特色，才会引人瞩目。

一是要让短视频中的人物个性鲜明起来。短视频中的人物若有鲜明的个性，如唯美、锋利、坚忍、幽默等，能在很大程度上为短视频贴上个性标签，让其变得更有特色和看点，显得与众不同。

二是切入视角要与众不同。参与平台活动的短视频要找到一个新奇的切入点，这样才能让用户眼前一亮，避免产生审美疲劳。

②反其道而行。从相反的视角解读活动规则，这样你的短视频便能在主题和内容上做出区别度，避开大众话题和视角。比如，抖音发起的国庆“一起去看人山人海”活动，大家都是站在游客的角度拍摄短视频，假如你站在打工者的视角，再现他们“十一”返乡的大潮，就能在很大程度上做出区别度，做出深度。

7.6 找到一个对口的社群推广自己

推广短视频的一个有效方法就是通过社群精准推广。社群已经成为增长粉丝的较为有效的方式之一。你建立社群的目的也是增强粉丝之间的黏性，基于同一习惯或者爱好，聚合在一起的粉丝会在相互交流中产生聚心力，从而提高粉丝留存率。有了稳定的粉丝留存率，再利用这部分粉丝去影响更多的粉丝。

因此，想要你的短视频更加红火，社群是必经之路。找到一个对口的社群，用对方法，就可以让你的短视频呈现在更多人的眼前。

7.6.1 清晰定义社群粉丝群

想要在社群内做短视频推广，第一步就是要清晰定义目标用户群，并充分了解你的目标客户群、目标用户群。因为只有找到一个对口的社群，推广效果才会达到最大，否则你花费大量时间和精力做的推广就很有可能达不到预期效果。

如目标用户群构成了一个社群，那么它就和你对口。知己知彼，方能百战不殆。了解如何做运营推广，从分析你要推广的目标用户群开始。

举个例子，如果你是做健身的，想要推广你的健身短视频，那么你的核心用户群就是那些想要让自己身材变得更加完美的年轻人和对健康越来越重视的中年群体，这些人就是你短视频社群推广的对象。你还可以通过百度或者各类问答社区、QQ群等，“潜伏”在他们周围，通过各类现有的网络信息资源，充分了解目标客户群，了解目标用户的生活习惯，总结他们所关注的问题，弄清楚他们最热衷讨论的内容是什么，充分收集目标用户群体的各种信息。因为只有了解得足够多，才能有针对性地开展社群推广工作。

7.6.2 思考可以打动社群粉丝的痛点

有了目标群体，接下来你就要努力思考打动用户的短视频的亮点、痛点。

前一步已经讲到，你通过各种网络社群、网站等，进一步接近并了解你的目标用户群、客户群。通过收集他们的日常生活轨迹、关注的点，你可以总结出他们的需求痛点，分析他们潜在的行为决策方式。围绕相关信息，你要进行归纳、总结、思考，最终得出能有效打动他们的短视频亮点。

这里有一个技巧——初步收集目标用户群的基本信息，获得其最基本的需求痛点。

事实上，在这个过程中，你很可能会发现对方的伪需求、伪痛点。那应该怎么办呢？这就需要经常与目标用户群互动，进行情感交流，通过各种方式来试验这个痛点是否正确。最好的方法就是利用小号来“打探”，“潜伏”在他们身边，不断地收集更多的详细信息。

7.6.3 围绕粉丝群的痛点，编写推广文案

一旦我们总结出了粉丝群的痛点，那么就可以通过信息进一步了解与该痛点相关的产品的特点，看看别人是如何做的，如何满足的。

在学习借鉴的同时，还要构建一个与之不同的运营推广框架。列出与众不同、能打动目标粉丝群的宣传点，把这些宣传点包装成文案、软文内容，梳理出推广运营方案或者其他的运营框架。

编写好符合粉丝群需求的文案之后，接下来就要进行推广，向目标粉丝出现的社群投放文案内容。

只有当我们之前的分析、策划足够全面、详细，市场调研足够深入、细致的时候，我们才能通过文字、执行推广的话术等，有效地引导社群粉丝按我们的推广套路走。

7.6.4 通过数据检查社群推广情况

社群推广之后的结果很重要，这需要我们通过数据检查推广情况，通过统计交互情况，了解运营推广的效果。

有时可能需要技术支持才能拿到相关的数据报表，有些数据还需要提前做埋点工作，预先了解到抓取数据是否需要进行数据收集的埋点工作。特别是做H5活动，是需要做好数据埋点的。

我们通过现有的数据运营报表系统或者数据埋点来收集数据，还需要按我们的目标来整理收集到的相关数据。然后进行汇总，形成数据报表甚至是分析图表，利于以此来分析本次社群推广成功与否。

只有通过数据才能真实地看出本次社群推广的效果，也才能知道自己在哪个推广环节比较薄弱，在哪里又具有优势。

第 8 章

看数据：读懂它，就能少走短视频的弯路

数据就好比短视频的“透视仪”，短视频好不好，人气高不高，将来的发展趋势如何，都会通过一个个数据反映出来。因此，短视频创作者也应该是一个数据分析家，要善于利用短视频的各种相关数据总结自身的优缺点，分析竞品优势，确定未来推广的重点和发展方向。

8.1 做短视频不得不看的8项数据指数

想要做好短视频，实时掌握短视频的整体影响力，就必须关注各种数据。当你能够了解各项数据的含义时，你就能够更精准地掌握自身短视频在大众眼中的认可度和影响力，了解自己短视频的优缺点，继而有针对性地进行改进和提升。

8.1.1 推荐平台指数

当前各个主流平台都有自己的平台指数，是平台给予用户账号的评价和认可。平台指数代表着平台对你的短视频内容以及运营方向的态度，同时也代表每一个平台的基本原则，关系到你被重点推荐的潜能，因此需要每天关注这些指数的变化。

（1）活跃度。活跃度代表的是你的短视频内容的产量，你上传的短视频数量越多，那么你的账号活跃度就越高。虽然各个平台对于视频发布的频率和数量并没有提出具体的硬性要求，但是对于活跃度高的用户，特别是不断推出原创性好内容的用户，各个平台的推荐力度也会相应提升。

（2）原创度。原创度数据的高低代表了你创造能力的高低。所谓“原创”，就是你自己创作的，而非摘抄转发的。当前，各个平台对原创视频的保护力度越来越大，原创指数的作用就是引导创作者在注重数量的基础上，努力提升视频的质量。

（3）垂直度。这一数据代表了你的专业水平，垂直度越高，就意味着你在某个领域内越专业。一般而言，账号垂直度考察的是账号在所属专业领域内发表内容的专注程度，短视频变异越少，账号的垂直度就越高。因此，你可以在内容上进行微调，偶尔尝试一下别的领域的话题，但是不能对内容做频繁的方向性变更。

（4）互动或喜爱度。这一指数代表了你的账号受欢迎的程度，这一指数越高，代表你和粉丝之间的互动越频繁，受粉丝喜爱的程度越高，被平台重点推荐的可能性也就越大。

想要提升这一指数，你需要在内容上尽量鼓励用户进行讨论，积极转发短视频；另外，你还需要对优质评论进行及时而有意义的回复，还需要及时删除负面评论。

（5）健康度。健康度代表的是你的账号的整体素质，是一个非常严肃的数据。健康度主要体现了平台对你的账号的违规或涉嫌违规、打擦边球等情况的控制。抄袭、发布伪造新闻或传播一些禁止传播的内容，都会导致你的账号的健康度降低。

这就要求你不当标题党，不夸张，不搞噱头，避免引发用户的反感；不传播负能量话题，不炒作违反法律法规或触碰道德底线、有伤民风民俗的话题。

8.1.2 影响力指数

影响力指数是你的账号对平台用户所能产生的影响力在数值上的具体表现。影响力指数越高，意味着你的账号对平台用户所产生的影响力越大；反之，影响力指数越低，意味着你的账号所能影响到的平台用户越少。

（1）播放维度。电视剧受不受观众欢迎，可以看它的收视率，收视率越高，证明电视剧越受观众欢迎；收视率越低，表明电视剧在观众眼中越没价值。同样的道理，进入互联网时代后，互联网视频是以“播放量”来进行统计的，播放量越大，意味着点击观看的用户越多；播放量越低，意味着点击观看的用户越少。

（2）互动维度。互动数据直接代表了平台用户对你所发布的视频内容的认可度，用户在观看之后受到了启发，有了想要表达的观点，有了和你持续交流的意愿，说明你的内容真正打动了平台用户，对他们产生了价值，如此，他们才会关注你、认可你并成为你的粉丝。当然，这里的互动指的是有意义的真实存在的互动。在诸多互动形式中，评论因为内容可见、可评估，所以是最重要的互动指标。

（3）粉丝维度。你的账号所拥有的粉丝，尤其是核心粉丝数量越多，对你而言其价值就越大。当你的粉丝数增长到一个数量级，就意味着你的整体影响力也到了一个数量级，所能影响到的用户就会更多。

8.2 利用市场分析数据，指导定位方向

市场上充斥着各种各样的短视频相关数据，有公开的，也有需要付费才能获得的。假如你能充分利用这些数据，从中找出短视频行业发展的大趋势，认清将来的发展方向，便能更加精准地定位你的短视频发展方向。

8.2.1 利用市场公开数据

每年各大商业机构都会发布短视频调查大数据报告，利用这些市场分析数据，你便能够更精准地定位你的短视频发展方向。

通过收集市场上的公开数据，你能够清晰地了解当前短视频的发展现状以及未来的发展趋势。你可以利用互联网搜索引擎搜索各机构发布的短视频相关数据，对其进行分析，总结出相关的定位信息。

（1）各大媒体公布的短视频数据。

（2）各个专业数据机构公布的短视频调查数据。

（3）各互联网论坛发布的短视频相关数据。

比如，第一财经商业数据中心发布的《2017年短视频行业大数据洞察》，便通过详细的大数据分析了移动短视频市场现状，为短视频用户进行了画像。《2017年短视频行业大数据洞察》显示，年轻人是短视频的主要

用户，组织化、垂直化、个性化正成为短视频内容的三大趋势，而社群化、付费化、版权化以及生态化则是短视频行业未来发展的四大升级点（见图 8-1）。

图 8-1 《2017 年短视频行业大数据洞察》截图

根据《2017年短视频行业大数据洞察》中的各项数据，你可以结合自己的实际情况进行定位：

①要尽可能有自己的团队。个人的力量总是有限的，要想做好做精、做大做强，就需要向组织化靠拢，发展自己的短视频创作团队。

②定位要尽可能垂直细分。短视频的定位越垂直、越细分，被用户关注和喜爱的可能性就越高，因为大数据表明用户通常都喜欢垂直专业的内容。

③要定位出你的个性和特色。在短视频作品层出不穷的今天，要想顺利进入用户视野，并能迅速获得粉丝和人气，成长为平台头部，没有个性和特色是绝对不可能的。

8.2.2 和第三方数据公司合作

除了利用媒体、专业数据调查公司和各论坛发布的公开数据之外，短视频创作者还可以采用和市场上第三方数据公司合作的方式，获得自己想要了解的精准数据，以便帮助自身更好地定位。

（1）根据自身实际情况，列出所需数据清单。你想知道哪些垂直细分内容最火，哪个年龄段的用户在短视频平台上最活跃，就必须有一个定位数据清单，知道自己需要的是哪方面的数据。

（2）联系专业数据公司，询问报价。购买数据需要按照自己预先设定的成本量力而行，要尽可能以最低的成本购买到最有用的数据。

（3）分析数据，指导定位。数据分析可以由你或你的团队自主去做，也可以委托数据公司进行分析。最终的分析结果要结合你的实际情况，灵活运用，而不是强硬嫁接。

8.3 找出竞品分析数据，看自己比对手差在哪儿

想要通过数据分析提升你的短视频竞争力，一个最佳方法就是分析竞品数据，和你的短视频的对应数据进行对比，看你比对手差在什么地方。如此一来，你才能清晰地了解你的短视频的“短板”是什么，才能有针对性地进行改进，从总体上提升短视频的品质和竞争力。

在竞品选择上，你可以在短视频平台的热搜榜、热播榜上选择和你的短视频定位相同或者相似的短视频。因为这类短视频人气高，获得了用户的认可，和它们进行数据对比，所得的结论往往也比较真实。

8.3.1 最高播放量分析

播放量代表着短视频在一段时间内被用户观看的次数，播放量越高，证明短视频被用户观看的次数越多，被用户喜爱的程度越高。因此，在竞品分析中，最高播放量是一个非常重要的数据。

找到对方在一个时间段（一天、一周、一月）播放量最高的短视频，分析其主题、内容、剪辑等方面的特色和亮点。

图 8-2 “琴子说说”发布的高播放量短视频截图

比如，你想要在西瓜视频上获得更高的人气，做出更吸引用户的作品，观察之后，将人气较高的“琴子说说”确定为你的竞争对手。通过研究“琴子说说”的短视频，发现其一部短视频播放量达到20万次（见图8-2）。

通过分析，可以总结出这部短视频有以下优点：

（1）标题极富吸引力。短视频的标题植入了“超能力”“捶打”“搞笑”等吸引眼球的词语，抓住了用户对科幻、娱乐的需求。

（2）剪辑上突出了影片的高潮部分。一部影片，高潮部分是最吸引人的，将这部分剪辑整合起来，呈现给用户，更能吸引用户点击观看。

（3）选择的短视频封面有吸引力。汉考克双手各拿一个平底锅，站在美女身后，他要做什么？这一封面无疑对用户具有很强的吸引力。

8.3.2 分析关联指标，分析竞品优点

关联指标，是指由两个数据相互作用的结果反馈，其中比较重要的指标有：播荐率、评论率、点赞率、转发率、收藏率。通过分析竞品关联指标，你可以精准地把握其优势。

（1）分析播荐率（$播荐率=\frac{播放量}{推荐量}\times 100\%$）。

利用公式算出竞品的播荐率后，数值越高，说明其被观众打开的概率越大，一般说明这个视频的标题、封面图片、相关描述比较吸引人。

①竞品的短视频标题好。需要仔细研究竞品短视频的标题，总结其特

点，如采用什么标题形式，使用什么吸引人的词语，等等。

②短视频封面有亮点。短视频封面做得好，能够让用户在看到之后产生好奇感和观看欲。你需要对竞品的封面进行研究，总结其特点。比如，用了美女图片还是搞笑图片。

③描述有亮点。竞品是如何描述短视频的？是抓住了用户的好奇心，还是说出了短视频的主题，或是透露了高潮部分？弄清楚这些问题，你就能找到竞品在描述上的亮点。

（2）分析评论率（评论率= $\frac{\text{评论量}}{\text{播放量}} \times 100\%$）。

竞品评论率越高，意味着视频能够让用户有强烈的表达意愿，视频内容互动性越强，越能够引发用户参与。

①竞品内容互动性强，能激发用户强烈的互动欲望。你需要总结竞品内容上的互动亮点，如设置槽点，或者是话题本身就带有一定的争议性。

②社交性突出。竞品在内容上是否添加了社交性元素，如邀请大家观看免费培训视频，或留下了联系方式渴望和用户进行更深层次的交流。

（3）分析转发率（转发率= $\frac{\text{转发量}}{\text{播放量}} \times 100\%$）。

竞品转发率高，说明用户愿意将其推荐给他们的亲朋好友，或想通过这个视频表达自己的观点和态度，这样的竞品具有较强的传播性。

你可以从以下两个方面挖掘转发率高的竞品的优点：

①内容和目标用户契合。转发率高，说明在用户眼中，短视频的主题和内容能够承载自己的某些价值观，契合自身的喜好。简而言之，竞品能够将自身打造成目标用户的“代言人”，能为目标用户发声。

②具有一定的价值。竞品转发率高，意味着其内容在用户眼中具有很强的价值性。因此，你需要以用户视角挖掘短视频的价值点，学习竞品呈现价值的方法。

8.4 查看用户分析数据，确定目标粉丝群

想要做好短视频，确定目标粉丝群是一个非常重要的步骤，因为只有找对了目标粉丝群体，你的短视频才能投其所好，彰显出最大的价值。相反，假如你的目标粉丝群体找错了，那么即使你的短视频拍摄得再精美，内容再有价值，在对方眼中也是“鸡肋”，对其没有丝毫吸引力。而学会查看用户分析数据，则能帮助你更精准地为潜在用户画像，锁定目标粉丝群体。

哪个年龄段的短视频用户比较多？各个年龄段的用户都有什么偏好？掌握了这些数据，结合你自身短视频的定位，就能大致确定你的目标粉丝范围。

涉及用户偏好的数据有以下几个：

（1）用户的性别。

（2）用户的年龄。

（3）用户的星座分布。

（4）用户的地域分布。

（5）用户的行业属性标签以及消费能力。

你可以通过公开渠道获取这些用户数据，也可以通过和第三方数据公司合作，以付费形式获得更精准的用户数据。

比如，根据第一财经商业数据中心发布的《2017年短视频行业大数据洞察》，你就可以很清楚地掌握各个年龄段的短视频用户的喜好（见图8-3）。

通过分析，你可以从中发现以下规律：

（1）不管哪个年龄段的用户，都对娱乐以及搞笑类题材的短视频比较偏爱。也就是说，假如你的短视频属于娱乐或搞笑类，那么目标粉丝群体就

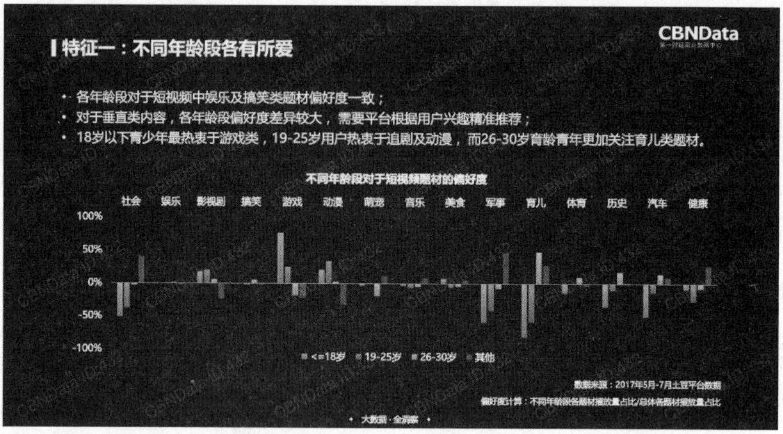

图 8-3 《2017 年短视频行业大数据洞察》用户特征数据截图

是所有用户，不分男女，不分年龄。

（2）垂直细分内容，各个年龄段用户喜好差异比较大，你需要根据自身定位精准锁定目标粉丝群体的年龄段。由数据可见，18岁及18岁以下的青少年热衷于游戏类，19~25岁的青年人热衷于追剧及动漫，而26~30岁的用户更加关注育儿类的题材。所以，假如你的短视频属于游戏类题材，那么你就可以将粉丝群体锁定为18岁以下的青少年；假如你的短视频涉及影视、动漫内容，那么你的目标粉丝群就是19~25岁的年轻人；假如你的短视频属于育儿类，那么你的目标粉丝群就是26~30岁的用户。

8.5 监测实时数据，找到最佳视频发布时间

短视频上线的后面，涉及的运营工作很多，而且各项要求也更加精细化，那么你如何通过数据来指导运营工作呢？利用监测的实时数据，找到最佳视频发布时间，是一个非常实用的数据运用方向。

要知道每个短视频平台都有自己的流量高峰时间，能否让你的短视频在

流量高峰时间段里获得更高的曝光度，将直接关系到你的短视频的人气和变现价值。

（1）人工方式尝试和记录一些数据。你可以在一天不同的时间段发布短视频，记录下各个时间段所获得的推荐量和播放量。

比如，你想要在今日头条发布短视频，那么你可以选择在一天的4个时间点发布，如早上10:00、中午12:00、下午16:00、晚上19:00，然后监测各个视频的实时数据，看看哪个时间点发布的视频播放量最高，最终找到视频发布的最佳时间点。

（2）观察平台头部、网红的发布时间，总结发布规律。一般而言，各个短视频平台上的头部、网红等在长期的短视频发布过程中，早已经摸清了平台短视频发布的最佳时间点，所以认真观察他们的短视频发布时间，总结规律，你就可以找到你所在的短视频平台最佳的视频发布时间段。

比如，你想在美拍发布短视频，你可以分析一下美拍头部、网红短视频集中的发布时间段，找到他们发布短视频在时间上的共同性。以“二更”“办公室小野”“李子柒”和“陈翔六点半”为例，通过列表统计他们最近几期短视频每天的发布时间，可以总结出美拍的最佳短视频发布时间段（见表8–1）。

表8–1　美拍头部发布时间点统计

二更	13:51	15:07	17:59	—
办公室小野	15:12	16:59	17:59	18:34
李子柒	14:55	19:59	20:53	22:36
陈翔六点半	18:06	18:21	18:26	18:43

对上表中数据进行分析，可以得出美拍的最佳发布时间段：

①下午14:00左右。

②下午18:00左右。

③晚上22:00以后。

（3）利用公开的短视频调查数据或短视频数据工具分析最佳发布时间段。利用一些媒体、数据调查公司、互联网论坛等机构发布的短视频数据或短视频数据工具，你可以找到一些短视频实时监测数据，通过分析总结，能让你对短视频发布最佳时间段有一个更精准的认知。

比如，2017年发布的《中国互联网络发展状况统计报告》中，就对不同年代出生的用户观看视频的时段进行了详细的数据分析（见图8-4）。

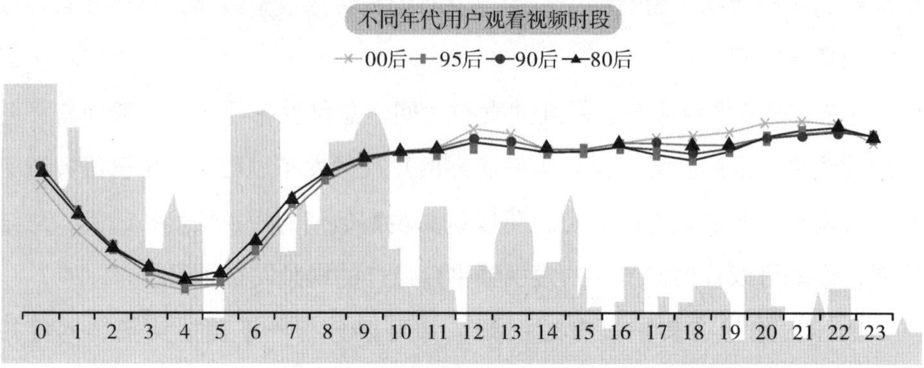

图 8-4　不同年龄段用户观看视频的时段数据图

从图8-4中可以发现以下规律：

①80后喜欢早起观看短视频。

②00后更喜欢在午休时间和晚饭后观看短视频。

③90后是“夜猫子”中的主力，喜欢在夜晚观看短视频。

得出这样的结论后，你就可以根据你的短视频的目标用户所处的年龄段，在他们喜欢观看短视频的时间段发布新视频，这样就能有效地提升短视频的曝光度。

总体而言，通过数据分析显示，用户观看短视频时间段主要集中在中午午休和晚上下班之后。其中，女性用户喜欢在19:00~23:00观看，而男性用户观看的时间则更晚一些，在00:00以后观看的比例较高。因此，短视频在这些时间段发布，所能获得的曝光度相对其他时间段会更高。

8.6 观察各平台数据，确定自己的推广重心

想要做好短视频，你首先要搞明白的一个问题是“要将有限的时间、精力和资源投入哪个板块？”，特别是当你的人力、物力、财力不是很充足时，只有弄清楚推广的重心，才能将好钢用在刀刃上，达到事半功倍的效果。因此，善于利用各平台数据，确定你的短视频推广重心，就显得尤为重要了。

（1）广撒网，先期运营看效果。刚开始时，如果你的人手和精力都比较充足，那么你可以将所有的平台都铺上，通过各个平台反馈来的粉丝数、点赞数、转发数等，判断哪些平台重点运营，哪些平台辅助运营，哪些平台人气不足可以放弃。

（2）确定重点推广平台。通过在各个平台上的先期运营，你就可以掌握短视频在各个平台上的生存环境和发展前途。通过进一步观察平台数据，短视频持续在某一平台上表现良好，如粉丝数量增长很快，点赞人数相对较多，转发量增长很快，那么你就可以将这个平台作为推广的主战场，将推广运营力量偏向这个平台，对其进行精细化运营，持续探索在这个平台上发布和获得最高流量的方法。

8.7 点赞、转发、评论，总结用户爱看的内容

用数据来指导你的短视频内容策划方向是非常明智的一种做法，当你学会利用数据总结用户最爱看的短视频内容时，你也就抓住了短视频内容创作

的方向，找到了和用户进行互动的最佳途径。

以抖音为例，抖音上所有数据对于你的推荐量和播放量都是有影响的，如点赞数、转发数、评论数、关注数，假如你能提升短视频的这些数值，那么你被抖音重点推荐的概率就会大大增加，短视频的播放量就会提高。因此，你必须每周或者每月对平台上的这些数据进行一次仔细分析，然后对各数据排在前面的短视频的内容进行分析，总结出它们内容上的共同特点。

8.7.1 点赞数

点赞，是人们对短视频喜爱与否的最直接体现，点赞数越高，意味着其内容在用户心中的认可度越高，也代表喜欢该短视频的用户越多。因此，仔细分析点赞数高的短视频，总结它们的共同特点，可以让你非常清晰地掌握用户的内容青睐点。

（1）老瓶装新酒。各平台上点赞数高的短视频，有一个最主要的共同点，就是它们都能做出新意，能够在老内容的基础上加入新的创意。比如饮食类，这个选题内容就很老，因为人们每天都需要吃东西，简单地拍吃饭的画面必然缺少亮点，而花样吃雪糕、花样吃大虾之类的短视频却能将人们日常的食物吃法加上新的创意拍出来，视频看起来就非常有新意，被点赞的概率也就很大。

（2）教程加干货。人人都有好奇心理，对自己不知道的或之前不曾听到、见到的事物更感兴趣，对自己不会的往往也更想学会。因此，教程加干货类的短视频往往更能吸引用户的目光，更容易让用户点赞。比如，教用户怎么做美食、怎么化妆、怎么减肥、怎么跳舞、怎么修汽车等，这类内容的短视频的点赞数通常会很高。

秋天到来之际，抖音用户“蜜籽嘛嘛”便发布了一条教授用户制作蜂蜜柚子茶的短视频。因为秋季干燥，而蜂蜜柚子茶可滋阴润肺，排毒养颜，再加上短视频将蜂蜜柚子茶的制作工序完整地呈现在用户眼前，所以深受用户喜爱，发布一天后便收获了52.6万人点赞，登上了抖音热搜榜（见图

8–5）。

（3）正能量情感。正能量的内容从来都不会过时，不管是情感正能量，还是行为正能量，都不会缺少欣赏者和赞美者。因此，关注和传播正能量的短视频内容往往能俘获用户的心，点赞数都非常高。

“山里DOU是好风光”发布的一条短视频，虽然主角是两位再普通不过的山里老人，但是他们展示出来的对爱情的忠贞不渝，却深深地触动了广大用户的心弦。“此生执子之手，共赏乾坤夕照”，成了所有人对婚姻生活的期盼，因而这条短视频获得了110.8万人点赞（见图8–6）。

图 8–5 “蜜籽嘛嘛”发布短视频讲解蜂蜜柚子茶制作短视频截图

图 8–6 “山里 DOU 是好风光”发布的充满正能量的高人气短视频截图

8.7.2 转发数

相对于体现情感认知度的点赞量，转发量对于短视频而言更加重要。一般而言，短视频转发量越高，意味着用户对其认可度越高，其在用户眼中的价值就越大，用户就越希望让更多的人看到该段短视频。转发量代表着用户对短视频价值的认可，关系到短视频的影响力和转化率。因此，总结转发量高的短视频在内容上的特点很有必要。

（1）内容非常实用。用户之所以转发你的短视频，一个最基本的前提就是实用——他们觉得从你的短视频中得到了价值。因此，转发数高的短视频都有很强的实用性。

抖音用户“齐心办公”发布的一条短视频就因为实用而被转发了4.3万次。这条短视频聚焦握笔的正确姿势，非常巧妙地利用一根皮筋便让小朋友掌握了正确握笔的姿势，对家长而言无疑是非常有用的（见图8-7）。

图 8-7 “齐心办公”发布的实用性短视频截图

（2）内容炫酷。这类内容的短视频往往会吸引年轻用户转发，年轻用户往往对“酷”“炫”“奇”之类的内容更感兴趣。

（3）跟热点的短视频内容。热点往往会在社会上引发巨大的关注度，所以这类内容的短视频往往也更受关注，更吸引人们去转发。

（4）用户认为会对自己产生某种帮助的内容。比如，各种安全防范类的短视频，转发量往往会较高。

8.7.3 评论数

评论数多还是少，代表着用户和短视频的互动高还是低。一般而言，评论越多的短视频，对用户的吸引力也就越大，其影响力也会随着参与互动的用户的不断增加而提升。

（1）聚焦热点的内容。热点会自带流量包，因此，关注热点或者和热点有关联的短视频内容，往往更能吸引用户关注，激发起用户的互动热情，吸引他们在评论区留言。

（2）参与性较强的内容。因为话题设置互动性强，参与感高，所以也能大大激发用户的评论热情。比如，探讨性内容、探险猎奇性内容，往往获得的评论数都很高。

（3）有槽点可吐的内容。内容贴近用户的工作和生活，存在明显的槽点，往往更能吸引用户之间不同观点的碰撞，获得高评论数。

第9章

能变现：确认过现实，都是能盈利的方式

当你拍的短视频凭借着优质的内容和良好的运营推广积累起足够的人气时，你就可以考虑变现了。那么，采用哪些途径可以快速、可靠地将自身人气转化为实实在在的钱呢？你可以结合自身实际，利用广告、电商、品牌推广、知识付费等模式进行变现。

9.1 贴片、植入、定制，都是能赚钱的广告

对大部分短视频创作者而言，广告是诸多变现模式中最靠谱也是最高效的变现方式。人气短视频凭着优质的流量、年轻化的受众群体以及多样化的表现方式，很容易受到广告主的青睐。不管是“papi酱”短视频中偶尔作为剧情插入的美即面膜，还是“办公室小野”在办公室用来切菜的华为手机，在不影响用户观看体验的前提下植入广告，都能让短视频创作者将流量变为实实在在的金钱。

9.1.1 贴片广告

短视频贴片广告就是广告主和视频创作者合作，在每条短视频播放前播放广告主的品牌广告。贴片广告是短视频广告最明显、最外在的形式，属于短视频广告中的“硬广告”。尽管贴片广告往往会引起大量用户的唏嘘声，但是其传达效果较电视广告要好许多，能让观众有更深刻的记忆度，因为电视贴片广告出现时，人们会习惯性地换台，而短视频贴片广告则相对封闭，让用户无法躲闪。

（1）平台贴片。所谓平台贴片，通常表现为前置贴片，以在短视频播放前不可跳过的独立广告形式出现。简而言之，平台贴片就是出现在短视频片头的广告。

（2）内容贴片。所谓内容贴片，通常为后置贴片，也就是在短视频内容结束后追加一定时间的广告内容。简而言之，内容贴片就是出现在短视频片尾的广告。

9.1.2 植入广告

短视频植入广告，是指将广告信息和短视频内容进行完美的结合，使广告自然地融入短视频中，最终达到向用户传递广告信息的诉求。相对于贴片广告的“硬”，植入广告则是在用户不知不觉中达到预期的广告效果，是一种对内容和品牌契合度要求更高的广告表现形式。

（1）品牌植入。所谓品牌植入，就是将品牌当成短视频中的道具，将之直接而又自然地呈现在用户眼前。因为简单、自然，效果又好，所以很多短视频都喜欢用这种方式来达到宣传品牌的目的。但需要注意的是，使用这种广告植入方式不宜太频繁地对“道具”进行特写，否则会让用户产生不适感甚至反感。

（2）剧情植入。和道具植入不同，剧情植入是将品牌信息融入短视频的剧情中，通过故事的逻辑线条和情节发展使品牌信息自然而然地出现在用户眼前。

“papi酱”发布的一期《辣零食》测评视频中，便围绕着“测试各种零食辣度”这一剧情核心，展示了各式各样的辣零食。哪些零食可以吃着很舒服，哪些零食吃了辣得让人哇哇叫，这种剧情广告就非常自然地将品牌信息展现在了用户眼前（见图9-1）。

图 9-1 “papi 酱”的“辣零食”短视频截图

（3）台词植入。通过短视频中人物的台词将产品名称、特征等直白地传达给用户，这种口播方式比较直接，也很容易激发用户对品牌的认同感。但需要注意的是，口播时台词的衔接一定要恰当、自然，不能生硬地插入某产品介绍，不然很容易让用户反感。

“papi酱”在短视频中就经常用到口播植入广告，各种脑洞大开的台词不仅延伸了视频的故事性和趣味性，也很好地宣传了产品，可谓一举两得。而用户在开心大笑的同时也不会对出现的产品信息产生排斥，反而还会觉得十分有趣。

（4）奖品植入。短视频创作者可以通过发放一些奖品来引导用户关注、转发和评论自己发布的短视频。这种植入方式非常普遍，很受广告主欢迎。比如，为你的短视频提供产品赞助，将产品作为奖品奖励给用户。

9.1.3 定制植入

短视频定制广告植入，是指应广告主要求定制原生短视频，达到整个短视频就是一则广告的效果。当前，依靠PGC、UGC越来越成熟的短视频内容生产实力，按照广告主的要求进行内容定制已经成为一种高转化效果的营销方式。

（1）品牌叙事。短视频依托品牌创始人叙述自己的创业故事，讲述其创业过程、创业理念，这能够更轻松地引发用户共鸣。与此同时，用户会因为对创始人的偏爱和崇拜，爱屋及乌，对其所创立和拥有的品牌产品产生更大的兴趣。

一条视频拍摄的《20岁红遍亚洲，却让师傅气得要……》中，讲述了一位回国创业的企业家的故事。在这条视频中，企业家讲述了自己在国外的经历和成就，向大家解释了回国创业的动机，还展示了自己最拿手的菜品，谈到了自己的人生观和价值观。企业家展示出来的一心做产品的创业精神，是这条短视频让用户印象最深刻的，更多人对他的品牌产品有了更深的了解和认知。这种品牌叙事的短视频也是最好的广告（见图9-2）。

（2）场景再现。通过再现日常场景，直击用户的消费痛点，这是短视频定制经常使用的方法之一。通过场景再现营造出具大的反差感，从而最大限度地提升用户对品牌价值的认知，转变用户的消费观念。

（3）产品展示。在短视频中完美地展示产品，听起来好像并没有特别吸引人的创意，但在动手实践过程中却往往能收获较好的效果。比如，一条

图 9-2　一条视频的品牌叙事短视频截图

为梦龙定制的短视频《学会这道甜品，你就能让任何人……》中，通过拍摄甜品师把梦龙冰激凌和甜点相结合的创意性料理，呈现了梦龙冰激凌丰富的打开方式。这条短视频所使用的拍摄环境、拍摄技巧等因素，让梦龙产品充满了诱惑性，在用户大脑中留下深刻烙印：梦龙冰激凌的丰富打开方式，总有一种适合我！

（4）主题理念。短视频可以通过将品牌理念糅合到主题中，并贯穿始终，向用户展示产品信息。比如，“二更”和金立手机合作的短视频《接完电话，达康书记露出了微笑》，延续了《人民的名义》中的官场话题，从某人手机丢失可能导致重要证据被窃取引入，由于金立手机强大的“安全性”技术而转危为安。这条短视频不仅巧妙地借助了《人民的名义》的话题性吸引了用户的关注，而且剧情多次对金立手机的“安全性”理念进行强调，让这一手机品牌的特质更加深入人心。

（5）制造话题。一条定制的短视频，最终能够产生多大的“冲击波”，最关键的一点在于其能否形成有冲击力的话题。因此，你应在短视频中有意识地制造话题，从而引发用户的广泛讨论。比如，“二更”为Lee拍摄的《男生永远不懂的终极难题》中，采用一种生活实验的方式来呈现男性和女性在生活上的诸多差异。女朋友的衣柜为什么永远还能再装得下一件Lee新衣服？为什么男朋友认不出换了Lee新衣服的女朋友？这些话题营造出极强的趣味性，让用户从中看到了自己的影子。

（6）用户共创。所谓用户共创，也就是UGC模式，让用户参与到定制视频创作中，能够更好地通过真实人物、真实故事，再现真实情感。这样和用户有高度关联性的定制短视频，会让用户产生心灵上的震撼。

9.2 做电商卖产品，有流量无往不利

除利用广告进行变现之外，你还可以做电商卖产品，“短视频+电商”模式的变现空间更大。短视频凭借其生动丰富的信息展示、直接的感官刺激、附着优质流量以及商品跳转更便捷，在电商模式上有着得天独厚的优势。

9.2.1 短视频电商变现的两个途径

想要做好短视频电商变现，将流量最大限度地转变为商业红利，你需要结合自身特点，选择最适合自己的电商变现模式。当前，短视频变现模式可以归纳为两类。

（1）以PUGC个人网红为主，通过自身影响力为自有网店导流。现在很多短视频平台在视频上传之后，可以选择添加淘宝链接，这样在短视频播放的时候，链接中的商品就会出现在视频下方。用户还可以选择将商品链接直接添加到短视频的“推荐商品”中，当短视频上出现某件商品时，粉丝可以直接点击“推荐商品”中的商品链接，直接跳转到淘宝页，而短视频播放却不会被中断。

美拍短视频用户“饭饭 Twinkle”在短视频“推荐商品”中，就以链接淘宝网页的方式进行变现。“饭饭 Twinkle”在短视频中通常以道具的方式展示商品，如其发布的一条短视频中，因为舞蹈魔性十足，获得了很高的关注度，其跳舞所穿的工装裤、宽松套头卫衣也因此成了亮点，引发粉丝聚焦（见图9-3）。

对“饭饭 Twinkle”舞蹈中所穿衣服感兴趣的用户便可以点击“推荐商品”选项，从中选择自己感兴趣的商品，点击链接，便会进入商品页面（见图9–4）。

图 9–3　“饭饭 Twinkle”发布的舞蹈短视频截图

图 9–4　短视频中的商品链接

（2）以PGC为主，通过内容流量为自营平台导流。这种电商表现方式主要是通过优质短视频为自营平台导流，吸引用户“爱屋及乌”，进行流量变现。

定位“生活媒体+广告”，拥有千万粉丝和过亿融资的一条，有着明确的商业变现模式，是“短视频+电商”变现模式的先行者和成功者。

一条的目标用户人群的定位是追求生活品质的高知人群。主打精致商品的一条生活馆是其自营电商平台，凭着对目标用户人群潜在需求的充分挖掘，跟随着一条短视频的脚步，一条生活馆获得了巨大的流量资源，其商品以极简、精准的风格得到了目标用户人群的喜爱。

9.2.2 UGC渠道电商表现的四种玩法

UGC即用户生产内容，是相对于专业生产内容的PGC而言的。UGC所对应的往往是普通短视频用户，自己生产短视频内容，传播伴随着很强的社交性。

（1）直播店铺导流。一些短视频平台最初是由直播平台转化而来的，所以互动性比较强，对导流也不像其他平台那么严格。比如，快手和美拍。因此，过去短视频变现更多是由视频达人依靠直播，推销自己电商店铺中的商品实现的。也就是说，只要你拥有足够多的粉丝，积累了一定的粉丝信任感，在粉丝中拥有了一定的号召力，你就能以淘宝客或者向你的淘宝店铺导流的方式实现变现。

比如，美拍达人“HoneyCC”在美拍平台上拥有232.6万粉丝，所发布的每条短视频都拥有一定的人气和影响力（见图9–5）。与此同时，她还经营着一家淘宝店铺，通过各种各样的搞怪、魔性短视频进行营销推广，曾经创下了3万条牛仔裤的单款产品销量。

图 9–5 “HoneyCC”的美拍账户截图

再如，快手短视频平台上，很多达人都有自己的淘宝店或者微店，在快手上发布优质内容的短视频吸引粉丝，在提高关注度和人气之后，为自己的店铺打广告。简而言之，快手上的达人们通常都有另外一个身份——网店老板，因而他们的主页上一般都会挂着淘宝店名称、微信公众号等，相比花大价钱购买淘宝的广告，在短视频平台上打出知名度、培养粉丝然后进行转化，成本更低，效果更佳。

另外，你还可以根据平台推出的新的电商变现功能更好地进行导流。比如，美拍推出的“边看边买”功能，就是精准电商流量变现。

（2）短视频营销吸粉。想要为你的店铺进行导流，前提是你要拥有一定数量的粉丝，假如你还没有足够的粉丝量，那么你可以通过拍摄目标用户群体感兴趣的视频来“诱惑”他们，最终吸引粉丝，积累粉丝数量。比如，你想在美拍上卖羽绒服，那么你就可以上传多种羽绒服穿着和搭配方法，自己或者聘用别人选择在不同的场景下，穿着选定的羽绒服亲身示范，录制后发布。这样一来，一些原本没有购买计划的人，也可能因为对穿着搭配感兴趣而关注你和你的短视频，他们一旦成为你的粉丝，当你不断推出产品时，他们就可能会接受产品信息，总有一款会刺激到他们的购买欲，促发他们的购买行为。

（3）电商广告。假如你拥有足够多的粉丝，即便你不售卖产品，也会有商家主动联系你，请你帮他的品牌做广告。比如在美拍，人们经常会看到各式各样的美食制作类视频。随着这些人的粉丝数量不断提升，一些和饮食相关的商家便会主动联系他们，支付一定费用，委托他们在短视频中让自己的产品出镜。

美拍推出的“M计划”，鼓励美拍用户进行电商变现。不管你是某细分领域达人还是没有个人视频号的电商商家，都可以通过这个计划做资源互换，从而实现销售转化。假如你是达人，通过该计划可以接触海量优质的广告主和商家，便有机会获得更多的变现机会；假如你是电商商家，则可以通过该计划匹配丰富精准的达人资源，为你的品牌或产品获得更高曝光度和转化率。

（4）品牌变现。所谓“品牌变现”，简而言之就是通过打造你的个人品牌进行变现。这里说的变现并不仅仅指将产品卖出去，假如你考虑长远变现的话，通过短视频使已有品牌达到一定的曝光度，或者直接打造个人品牌，那么在你的粉丝积累到一定数量而你成为权威后，变现就水到渠成了。

火山小视频用户“朝阳律师”，几乎每天都会在火山小视频平台上发布一条10秒左右的短视频，为平台用户讲解法律知识，解答大家生活上遇到的各种法律问题。法律知识虽然有别于常见的娱乐，但它却和人们的生活息息相关，视频满满都是干货（见图9-6）。

目前，这位专业律师已经在火山小视频上成功打造出个人品牌，拥有粉丝203万，收获30万火力（约合人民币3万元），还有粉丝送出的3055个钻石，且日常咨询也是收费的。

法律类的咨询和科普的短视频能成功，保险、教育等专业性强的领域也能成功，只要你足够专业、专注，便能依托短视频平台打造出个人品牌，最终实现变现。

图 9-6 “朝阳律师”的火山小视频首页截图

9.3 付费分成，粉丝打赏越多赚得越多

粉丝打赏是直播、短视频、图文变现的又一重要途径，如果你的直播、短视频、图文内容优质，能抓住粉丝的痛点，并且互动性强，那么你就能获得更多粉丝打赏，最终成功地将人气变现为实实在在的利润。

9.3.1 实用性越高，粉丝打赏的理由越充足

正如花钱买东西需要一个理由，用户打赏也需要足够的理由。站在用户的角度，什么样的短视频才值得打赏呢？最直接的一个理由就是有价值，对自己有用，能够在一定程度上帮助自己解决生活和工作中遇到的问题。

（1）垂直细分的短视频对用户而言更具实用价值，得到用户打赏的概率也就相对更大。当你的短视频能够聚焦某个细分领域精耕细作时，你就会吸引对相应领域感兴趣的一批用户，他们更愿意因为你的专业和专注而打赏。

（2）生活技巧类短视频获得用户打赏的概率较大。生活技巧类短视频能够帮助用户解决具体问题，提高生活水平，对用户的帮助是实实在在的，所解决的问题都属于用户的痛点，因此获得用户打赏的概率较大。

9.3.2 越励志，粉丝打赏越多

火山小视频团队发现，一位残疾姑娘李应霞发布的表演短视频评论数量非常高，而且数千条评论都是正向的支持和鼓励。这个发现给予了火山小视频团队很多启发，最后的落脚点是大家对于短视频产品变现的讨论，究竟小视频创作者应该如何实现变现？最终火山小视频推出了打赏模式，帮助短视频用户更好地变现，尤其是为励志类短视频创作者的变现提供了更大的帮助。

由此，我们可以得到以下两点结论：

（1）用户不太会单纯地为优质内容打赏，打赏更多是为了得到和人互动的感觉。

（2）励志性越大的短视频，被粉丝打赏的可能性就越大，因为粉丝很可能从中看到自己的影子，感受到更强的精神激励。

9.4 利用短视频给自己的品牌做推广

短视频变现还表现在利用短视频为你的其他品牌做推广上。因为相对于在电视、报刊上做广告做推广，短视频推广的成本更低、效果更佳。特别是

在当前短视频异常火爆的大背景下，利用短视频做品牌推广，是一种明智的选择。

9.4.1 拍摄产品短片，解答用户疑问

你可以拍摄品牌产品短片，解答用户的疑问，这看似简单，但却非常实用。有时候，简短的“如何……”的短视频，便能够快速而有效地解答用户的疑问，继而拉近品牌和用户之间的距离。因此，你可以整理客户最关心的问题，并制作相关短视频解答这些问题。

比如，你可以在一段十几秒的短视频中告诉用户你的品牌产品有何特点，如何使用，给用户提供更有价值的信息和帮助。用短视频的方式解答用户的疑问，能够给予品牌用户更大的附加值。

（1）搜集用户最关注的产品问题。你需要调查清楚，用户对产品的关注点是什么，痛点是什么。比如，通过客服部门收集用户反馈和投诉，总结出用户对产品的哪些方面最关注、最具痛感。

（2）进行问题解答，提出改进方案。针对用户最关心的品牌或产品问题进行解答，普及相关产品知识，如操作、功能等。另外，短视频还需要根据用户的问题和所提要求，提出相应的产品改进方案，从而让用户对品牌产品产生更大的信任和期望。

9.4.2 将产品制作过程拍摄成短视频

将品牌产品的生产制作过程拍摄成短视频，在平台上向潜在用户展示，是一种非常高效的推广品牌的方法。比如，咖啡馆可以展示咖啡加工制作的工艺，健身房可以介绍健身的过程，餐厅可以展示美食的加工和烹饪，等等。

（1）产品的制作过程要突出重点和亮点。有重点，用户才会明白产品是如何制作出来的；有亮点，用户才会印象深刻，记住你的品牌。

火山小视频用户“珍姐私房菜”就很善于利用短视频推广自己的餐饮品

图 9-7 “珍姐私房菜”展示美食制作过程短视频截图

牌。她的短视频聚焦家常菜的做法，注重讲解选择食材时的各种注意事项，普及掌握火候的各种小技巧，让粉丝可以在家中烹制出美味的家常菜。这种美食烹饪知识的普及和培训，也让大家对其餐饮品牌更具好感（见图9-7）。

（2）讲述一个故事。在展示产品制作过程时，你还可以通过讲故事的方式向大家传递品牌信息。要知道人人都爱听故事，将产品抑或品牌以故事的形式讲述出来的短视频，更容易获得用户的好感，推广效果会更好。

（3）塑造一种精神，渲染一种情怀。将产品生产制作过程拍摄成短视频，你还需要在其中塑造一种精神，渲染一种情怀，才能最大限度地影响到用户，赢得用户的喜爱和信赖。比如，你可以讲述自己秉持匠心做产品的精神，渲染一心一意服务用户的人文情怀，等等。这样的短视频能够让你快速赢得用户的好感。

9.4.3 创意众筹鼓励粉丝生产UGC

参与感是短视频推广品牌的必备要素，因为只有具备了足够的参与感，粉丝推广产品品牌的积极性才会更加高涨。而创意众筹则是你提升粉丝参与感的最佳方法，邀请大家行动起来，一起为品牌推广献计献策，生产原创短视频，开创一个百花齐放的局面，如此，品牌推广效果将会更好。

（1）抛出主题，发出创意邀请。抛出你的短视频品牌推广主题，向广大用户提出创意邀请。邀请的覆盖面要尽可能全面，你可以通过微信朋友圈、微信公众号、微博、QQ空间、今日头条、论坛等平台发出邀请，尽可能让更多人能看到你的邀请信息。

（2）提出基本要求，设置底线。想要通过创意众筹得到更多的有效作品以及更多的思想火花，你就必须提出一个基本要求，设置底线。

（3）设置奖品。没有奖励的创意众筹是不能激发用户的参与热情的，因为人天生是逐利的，谁也不愿在没有利益的事情上投入时间和精力。因此，你的创意众筹必须设置奖品，一般而言，奖品越丰厚，越有价值，对用户的吸引力就越大，创意众筹的人气和热度就越高。

可口可乐发布过一个以粉丝生成内容制作而成的短视频广告，视频时长30秒，内容是粉丝们分享喝可乐的各种快乐时刻。可口可乐邀请粉丝分享一段“当你喝可乐的时候，你会有什么感觉”的视频短片，优秀的短片会被剪辑进可口可乐的广告中。活动最后收到了来自世界各地的超过400份视频短片，创意公司Wieden + Kennedy挑选出其中40份剪辑成短片，并以“This is Ahh”进行宣传推广。作为可口可乐“The AHH Effect”营销战略的组成部分，此次的 UGC 视频广告，除了在《美国偶像》节目中插播外，还会在年轻人中比较有影响力的媒体网络播出，如MTV等。

9.4.4 节假日视频

利用短视频推广品牌，节假日是一个好很的载体。春节、中秋节、端午节、圣诞节、情人节等中外节假日，是你和用户互动的关键节点，你可以拍摄以节假日为主题的短视频，通过向用户传递节假日问候来拉近你的品牌与用户间的距离。

（1）以品牌之口讲述节假日的起源、历史发展、人文情怀。这类短视频是将你的品牌拟人化，以品牌之口讲述各个节假日的起源、历史发展、人文情怀，这往往能够吸引大批粉丝观看。

（2）产品创意，活跃节假日气氛。这类短视频利用品牌产品进行节假日创意，能够起到锦上添花的效果，让人们在节假日里感受到更大的快乐。比如，家居品牌想要依托短视频做推广，就可以用一些旧衣架做成椅子，用废弃自行车做成手盆架，用旧书做成茶几，用窗帘编织节假日祝福语。这是传递节假日祝福和吸引粉丝的最简单有效的方法。

9.4.5 提升与粉丝的互动，邀请粉丝通过标签上传内容

你可以邀请你的粉丝或者客户通过上传带有标签的短视频参加有奖活动，或宣传相关的品牌活动。这是一个利用短视频推广品牌的好方法，还可以通过互动拉近你和粉丝、客户间的距离，提升关系黏度。

（1）发出邀请。向你的粉丝、客户、朋友等发出拍摄品牌相关短视频的要求，详细介绍奖品信息，激发他们的参与热情。

（2）设置标签。你要为你的粉丝、客户、朋友等拍摄的相关短视频设置好标签，这个标签要带有你的品牌信息。如此一来，他们所发布的短视频也就等于打上了你的品牌烙印，必然会被更多的用户看到。

一家时尚女鞋品牌在广州推出了一则有趣的营销活动，它在市中心广场上安置了一个非常醒目的大铃铛，要人站在已经放置好的脚垫上，用手机自拍一张自己鞋子的相关抖音短视频，说出自己的鞋码以及喜欢的颜色，添加上时尚女鞋品牌设置的标签，发布以后摇响铃铛，就能得到一双该品牌的女鞋。

9.4.6 展现品牌文化

短视频的兴起让你能够生动丰富地展示你的品牌文化，诠释品牌特点。品牌文化的充分展现，必会让你的品牌在粉丝眼中更具价值，从而吸引更多眼球，在众多竞争者中脱颖而出。

（1）聚焦员工的工作精神。品牌文化在很多时候都是通过员工展示出来的，因此，短视频可以聚焦员工的工作状态和精神面貌，以此向用户展示你的品牌文化。

（2）放大产品的文化内涵。放大产品的文化内涵，就是邀请平台用户

试用、试吃、试穿等，将这个过程拍摄成短视频，展示产品内在的文化元素，让产品为自己代言。

（3）通过用户之口讲述品牌文化。通过引导、激励使用过产品的用户发布短视频，以用户之口来推广自己的品牌。你可以通过折扣、奖品等形式，提升用户生产和上传短视频的积极性，促使他们更主动地发布短视频来推广你的品牌。

一家服装店在美拍上发布的短视频就给用户们带来了一场视觉盛宴。为了推广店里的最新款式服装，这家服装店剪辑了关于秀台展示、模特的走秀以及一系列经典款式的短视频，既加深用户对他们品牌的印象，也让用户对新产品充满期待。短视频上传到美拍上以后，引发了大量用户关注和转发。

9.5 主播转网红，网红转明星

通过短视频将“草根”捧红，将原本默默无闻的人打造成明星，也是一种变现。相对于做广告、做电商、打赏、品牌推广等变现模式，这种表现模式更直接，针对的个体更明确——主播转网红，网红转明星，通过不断提升个人的人气和知名度，以明星效应实现变现。

9.5.1 创造内容的人 + 一定的粉丝规模 + 事业新规划

普通人想要成为明星，可以首先从网络直播做起，慢慢积累人气。在有了一定的人气和知名度、成为主播后，你可以创造带有自己特色的短视频，上传到抖音、美拍、快手等短视频平台，进一步积累人气，向网红和达人迈进。当你通过不懈努力，进入了平台的头部达人行列时，你就可以开始规划新的事业方向，为自己贴上明星的标签。

（1）通过直播赚取原始人气。通过网络直播，你可以快速地积累最原始的人气，从“普通人”转变为“主播”，实现自我变现的第一阶段目标。

“一个人穷游中国”大学毕业之后便产生了走遍中国的梦想，立志“到中国所有的城市看看”。为此，他全年几乎都在路上，在各个城市中发现美丽的风景。他将所见所闻的图文发布到今日头条上，将拍摄的视频发布在西瓜视频平台上，吸引了越来越多的人关注他和他的旅行见闻。就这样，几年的时间过去了，“一个人穷游中国”拥有了59万名粉丝（见图9–8）。

图 9–8 “一个人穷游中国”拍摄的短视频截图

（2）生产优质内容，由主播变身网红。有了最初的原始人气积累后，你就可以转战主流短视频平台，如抖音、快手、西瓜、美拍等，依托最初的人气和不断创作的优质内容，蜕变为网红。

在网上，有网友表示：“错过了连音社、错过了摩登兄弟，却迷上了隔路人的王北车。” 2018年6月，一个叫“王北车”的抖音主播仅用了短短一个多月的时间，就迅速走红。王北车的抖音号为Bche，截至2018年10月10日，粉丝量达到959.8万，获赞数达到2839.5万。其走红的视频歌曲包括《陷阱》《突然想起你》《姑娘》《雨一直下》（见图9–9）。

“王北车”之所以能够迅速地火起来，和其所发布的短视频内容的优质属性密不可分。他发布的音乐短视频不仅歌声优美，音乐充满灵性，舞蹈也极具韵味，视频画质精美，让人看后感觉心情明亮，好像收获了一种久违的愉悦。凭借优质的内容，“王北车”吸引了大批粉丝，成功跻身网红行列。

（3）提出事业新规划，实现由网红到明星的华丽蜕变。有了一定的粉

图 9-9 “王北车”的抖音页面截图

丝，在平台上具有了一定的影响力后，成为网红的你就可以制定新的事业规划，实现从网红到明星的蜕变。

①歌唱明星。假如你有歌唱方面的特长和优势，那么你的事业规划就可以重点向歌唱方向倾斜，通过获得更大资源，最终蜕变为歌唱明星。比如，摩登兄弟的主唱原本是一个主播，通过在抖音上发布短视频火了，成为“抖音一哥”，之后他开始重新规划自己的事业，开始往歌唱明星的方向发展，频繁参加各类综艺节目，还接演唱会表演，唱电影、电视剧主题曲。

②影视明星。假如你拥有靓丽的容貌和深厚的演艺功底，影视资源比较丰富，那么你的努力方向则可以锁定为影视明星。可以先从网络剧和小角色开始，慢慢学习演出技巧，最终成长为影视明星。

③综艺明星。假如你在演说、幽默、搞怪等方面有优势，那么你可以将事业规划指向综艺明星，特别是在当下各种综艺节目大火特火的背景下，网红成长为综艺明星的机会将会更大。

9.5.2 加入MCN是王道

主播转网红，网红转明星，其间所需要的超高流量和优质内容，或演艺资源，几乎都不是一个人所能搞定的。想要依靠“普通人蜕变为明星”这条路进行变现，你必须获得强大的力量支撑。

假如你是短视频平台上的顶级头部，那么你可以成立自己的工作室，组建自己的团队，以获取更高的流量，生产更优质的短视频内容。但对于大部分腰尾部达人而言，组建个人工作室显然不太现实，那么这些人如何才能获得更多资源，持续变强呢？答案很简单，加入MCN机构。

一个MCN公司就好比一个网红公司，其主要职能就是为单一的短视频创作者提供内容策划和定位、品牌包装推广、流量内容分发和招商引资等一条龙服务。当然，MCN向你提供的这些服务不是免费的，会从你的广告和电商收入中分一杯羹。

比如，当前人气爆棚的“办公室小野”，就孵化自洋葱MCN。“办公室小野”将办公室变为美食厨房的各种奇思妙想，征服了大家，也获得了丰厚的商业回报。“办公室小野”是洋葱MCN推出的第一个IP，她的成功促使洋葱MCN开启了《办公室系列》，据悉，其第二个产品“办公室小作”将很快上线测试，接下来还可能会有《办公室老板》《小野的客户》等作品问世。

美拍的自娱自乐公司，“papi酱”自己做的papitube，新片场的魔力TV，这些优质MCN机构在编剧、创意、拍摄、剪辑等流程上都已经做到了流水化，建立起了自己的内容工业体系。这也意味着，MCN能够为你提供更加强有力的支持，为你提供更丰富的资源，帮助你快速实现从普通人到明星的蜕变。

9.6 短视频让知识更值钱、变现更快

短视频主打优质内容，吸引用户付费观看，这是一种短视频变现的“朝阳”模式。特别是在当前人们普遍崇尚“知识就是金钱”的大背景下，你的短视频蕴含的知识越有价值、越稀缺，就越能吸引用户为短视频付费。

那么，如何才能利用短视频更快更好地进行知识变现呢？

9.6.1 卖专业知识

对用户而言，越稀缺越专业的知识就越有价值，就越值得花钱购买。所以你所掌握的知识越专业、越稀缺，拍成短视频后用户付费购买的概率就越大。

（1）和用户生活、工作紧密相关的专业知识才会快速吸引用户付费。并不是所有和专业沾边的知识都可以卖给用户，只有那些和用户生活和工作密切相关的知识才会吸引到用户，如企业管理、沟通逻辑、PPT制作、法律、保险等。

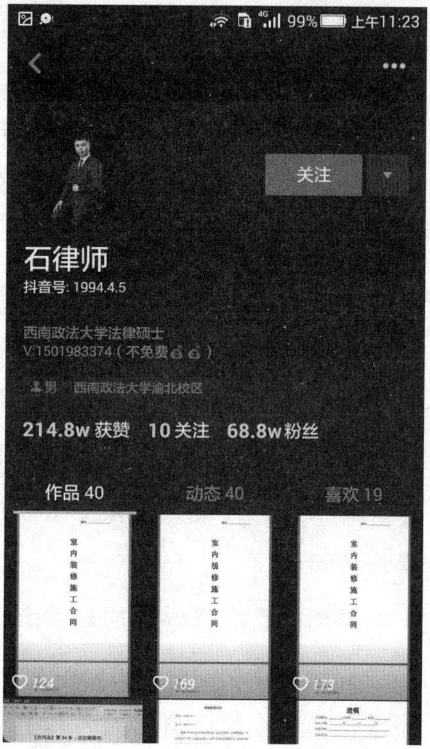

图 9-10 “石律师”的抖音页面截图

抖音用户“石律师”所发布的短视频内容都和法律相关，聚焦人们生活中遇到的各种法律问题，提供法律解决方案。因为其专业素养高、能力强，短视频解说通俗易懂，所以吸引了68.8万用户关注。用户在生活和工作中遇到的法律问题都可以咨询“石律师”，但需要支付一定的咨询费（见图9-10）。

（2）带有稀缺属性专业知识的短视频更容易让用户付费。专业而又稀缺的知识对用户的吸引力往往更强，将其拍成视频吸引用户付费的概率也会更高。比如，新片场推出的付费短视频系列《电影自习室》，主打影视教学，每集3~5分钟，总共推出了16集，售价为299元，上线两个月售卖额近200万元。

9.6.2 卖垂直细分知识

所谓垂直细分，就是聚焦某一领域，做精做专，从而吸引对这一领域感兴趣的人。简而言之，就是以细分的深度吸引相对小众的用户群体付费购买。因此，你的短视频知识越垂直、越细分，就越能吸引某一用户群体去花钱购买。

比如，以文史知识为主的垂直类短视频平台看鉴，便上线了付费短视频专辑。截至2018年年底，看鉴APP共推出28个付费专辑，每个专辑约有10个短视频，每条短视频时长约3分钟。每个专辑的单价在14~48元，题材涉及历史故事、人物、典故、诗词歌赋、古代文化等。平台数据显示，2018年年底前累计售出近35万份。

（1）服务某类目标人群的知识。比如：你的短视频可以做教育内容，以小学生、中学生为目标人群；也可以以年轻女性为目标人群，主打美妆知识；以辣妈为目标人群，聚焦育儿知识；以肥胖人群为目标群体，聚焦减肥塑体知识；等等。

（2）深挖某类主题的知识。比如，你的短视频可以做旅游主题，可以深挖职场心理主题，可以聚焦爱情主题，可以是足球主题，还可以是篮球主题，等等。只要内容足够优质，自然就会吸引关心相关主题的用户付费观看。

（3）以某类场景知识为内容。比如，你的短视频可以科普急救知识，可以探讨恋爱技巧，还可以聚焦谈判心理，等等。只要你的短视频能够帮助用户在某类场景中游刃有余，便会吸引用户为其花钱。

（4）以某类社交知识为内容。比如，你的短视频可以普及问答、辩论、约会、目标记录、习惯养成、唱歌、舞蹈等和社交相关的知识，只要对人们的社交有利，也会吸引用户付费。

综上所述，想要做好垂直细分短视频知识变现，你首先需要找到一个核心目标人群，然后再通过一个能够直击该人群痛点的知识点去吸引他们的关注，以生产出的符合他们特质的内容和社区氛围黏住他们，实现知识变现。

9.6.3 卖投资知识

在这个金钱至上的社会中，人们对如何获取更多金钱的知识是最感兴趣的，因此聚焦投资知识的短视频内容往往更能吸引用户关注，也更容易变现。

（1）行业现状分析。某个行业现在处于一个什么状况，是好还是坏?你的短视频可以帮助用户做出一个清晰准确的判断，如当前房地产行业的房价是涨还是降?

（2）行业投资前景分析。哪个行业未来行情大好，投资前景看好? 对行业未来前景的预测能够帮助用户更好地选择投资方向。比如，明年房地产发展行情，下半年股市走势，等等。

9.7 短视频变现展望

短视频变现是一个动态、长期的过程。随着时代的发展，短视频变现模式也将不断变化。那么未来短视频变现会呈现哪些趋势，有何种特点呢?

9.7.1 领域越垂直细分，短视频变现就越容易

不管哪种变现模式，流量和变现大多数是属于优质内容创作者的，而这些创作者所在领域，往往都是高度垂直和细分的。在将来，这种趋势会一直延续下去，短视频领域越垂直、越细分，变现就越容易。

（1）从内容生产的角度来看，短视频只有聚焦特定垂直细分领域，才能保证持续的优质内容输出，才会吸引更多用户关注。比如，汽车、穿搭、美妆、育儿等，这样才有源源不断的优质亲民素材，短视频的表现方式也会更加形象生动。

（2）从粉丝获取的角度来看，只要你的短视频内容足够垂直，那么其

出现在用户眼前时就已经完成了目标用户的筛选，筛选的目标用户对其关联商品的需求也就十分容易显现了。

总而言之，短视频内容越垂直，粉丝的忠诚度就越高，粉丝忠诚度越高则意味着商业转化能力越强，更容易得到广告商、品牌主的青睐。

9.7.2 试水大电影，打造品牌影响力

在短视频发展的道路上，网络大电影、院线电影是重要的变现机遇。即使很多内容创作者创作的短视频能够在手机的方寸触摸屏上收获数以百万计的曝光，但是对他们而言，大银幕仍然有着巨大的诱惑和商机。

在之前十年，中国电影市场的高速增长引发了全球关注，但是从短视频走向大银幕的道路却非常漫长。“办公室小野”“陈茂源星座”“同道大叔”“陈翔六点半”“二更”等短视频大佬都开始试水大电影。例如，陈翔执导的首部网络大电影《废话少说》在爱奇艺独家上映，便开启了短视频试水大电影的征程。

通过短视频做好曝光，积累粉丝，打出知名度，一些内容创作者逐渐积累了资源，提升了制作能力。而由做短视频蜕变为制作大电影，则是一个拥有致命诱惑的变现模式。

9.7.3 垂直领域的大IP有更大的变现价值

对于短视频创作者而言，想要在未来打造自己的商业城堡，除了要找到用户未被满足的细分需求之外，最关键的一点就是要能持续不断地做大IP。纵观视频网红发展史，从后舍男生到人大校花，从芙蓉姐姐到西单女孩，一代新人换旧人，老的一批已经被淹没在历史长河之中。

从ID到IP，是短视频创作者必须要完成的征程，也是短视频创作生态很重要的一环。例如，被称为“吐槽第一人”的“papi酱”，在利用各大视频平台走红后，不仅成了积家等品牌的代言人，还推出了个人的视频网站papitube，通过视频将粉丝导流到自己的平台上，提供子品牌和网红孵化服

务，将“papi酱”品牌不断延伸，实现了最大程度上的商业变现。

综上，从内容到IP，团队也就有了更大的商业变现可能，包括广告赞助、转播费、门票出售、品牌授权、周边商品等多种变现模式。

推荐阅读

一本书把软文营销那些套路拆解到位！

书名： 软文营销实战：

让销量倍增的文案写作套路

作者： 魏星　王惠婷

ISBN： 978-7-5454-5908-1

定价： 45元

出版日期： 2018年5月

出版社： 广东经济出版社

360度打造你想要的花式直播营销！

书名： 直播营销：

互联网经济营销新思路

作者： 高长利　李伟东　郭春光

ISBN： 978-7-5454-5404-8

定价： 42元

出版日期： 2017年5月

出版社： 广东经济出版社

展现网红营销的正确打开方式！

书名： 网红经济：

"互联网+"时代新型商业模式

作者： 金易

ISBN： 978-7-5454-5518-2

定价： 45元

出版日期： 2017年8月

出版社： 广东经济出版社

360度详解自明星打造手段！

书名： 自明星运营实战：

网红经济经典案例+营销方法+打造技巧

作者： 倪林峰

ISBN： 978-7-5454-4760-6

定价： 45元

出版日期： 2016年9月

出版社： 广东经济出版社

推荐阅读

拆解小而美商家爆品思维和爆品方法！

书名： 小而美：
新零售爆品法则
作者： 袁亮
ISBN： 978-7-5454-6345-3
定价： 45元
出版日期： 2018年9月
出版社： 广东经济出版社

行业资深专家亲授如何开精彩的产品发布会！

书名： 完美演绎产品发布会
作者： 张中盛
ISBN： 978-7-5454-6285-2
定价： 42元
出版日期： 2018年9月
出版社： 广东经济出版社

实战派培训师手把手教会你当众演讲！

书名： 演讲是个技术活：
15招搞定当众演讲
作者： 陈权
ISBN： 978-7-5454-4446-9
定价： 38元
出版日期： 2016年4月
出版社： 广东经济出版社

实战派培训师手把手教会你当众演讲！

书名： 演讲是个技术活：
这8招“狠”管用
作者： 陈权
ISBN： 978-7-5454-6433-7
定价： 48元
出版日期： 2018年11月
出版社： 广东经济出版社